LE CHIC

COMÉDIE

Représentée pour la première fois, à Paris, sur le théâtre du PALAIS-ROYAL, le 10 mars 1866.

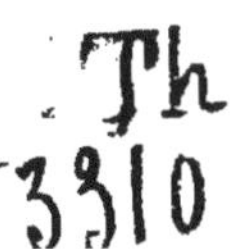

IMPRIMERIE L. TOINON ET Ce, A SAINT-GERMAIN.

LE CHIC

COMÉDIE EN TROIS ACTES

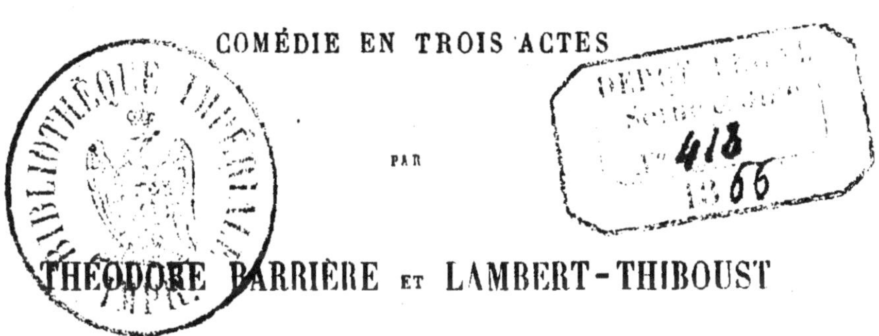

PAR

THÉODORE BARRIÈRE ET LAMBERT-THIBOUST

PARIS

MICHEL LÉVY FRÈRES, LIBRAIRES ÉDITEURS

RUE VIVIENNE, 2 BIS, ET BOULEVARD DES ITALIENS, 15,

A LA LIBRAIRIE NOUVELLE

—

1866

PERSONNAGES

COQUILLARD, confiseur.	MM.	GEOFFROY.
PROSPER COINDET, sous le nom de Saint-Galmier.		GIL-PÉRÈS.
PHILOMÈLE, carabinier		HYACINTHE.
MÉDARD, employé chez Coquillard. . .		LASSOUCHE.
ADOLPHE, garçon d'hôtel.		POIRIER.
ROPIQUET, notaire		KALEKAIRE.
PIERRE, cocher.		MAILLARD.
CORNÉLIE COQUILLARD	Mmes	THIERRET.
VICTOIRE.		HORTENSE NEVEUX.
CÉLESTINE COQUILLARD.		E. BÉDARD.
FRANÇOISE, cuisinière.		E. BILHAUT.

De nos jours; les 1er et 2e actes, à Paris, le 3e, à Verdun.

Toutes les indications sont prises de la gauche du spectateur. — Les changements de position sont indiqués par des renvois.

Pour la mise en scène détaillée, s'adresser à M. Guénée, régisseur du théâtre, et, pour la musique, à M. V. Robillard, chef d'orchestre.

LE CHIC

ACTE PREMIER

Une salle commune dans un hôtel ; trois portes au fond, dont celle à gauche portant le numéro 17 est la chambre de Coquillard, celle de droite, numéro 15, la chambre de Prosper, et celle du milieu donne sur un vestibule ; entre les deux portes, deux buffets étagères sur lesquels sont des corbeilles, l'une avec des fruits, l'autre avec des fleurs. — A gauche, premier plan, une porte; au-dessus, un grand buffet; sur le devant de la scène un petit guéridon, une chaise. A droite, face au public, une table ronde sur laquelle se trouvent des journaux, des brochures. Au premier plan une porte, un buffet.

SCÈNE PREMIÈRE

MÉDARD, seul, puis ADOLPHE.

MÉDARD, assis près de la table à droite, est absorbé par la lecture d'un journal, lisant.

« Au second saut de la rivière, Cascamèche est tombé. Le jockey qui le montait a été désarçonné et est resté sans mouvement sur la piste. Transporté au château, on a reconnu qu'il n'avait que deux côtes enfoncées, une jambe cassée et le crâne ouvert. Cet accident n'aura pas de suites fâcheuses. » (Parlé.) C'est une chance! (Lisant.) « A l'obstacle de la glacière, Follembuche est tombée, le jockey qui la montait s'est tué raide. Transporté au château, les hommes de l'art ont constaté que la mort devait remonter à plus de vingt-quatre heures. La journée a été très-belle. Le sol était excellent. » (Avec enthousiasme.) Voilà!... voilà la vie! O les heureux de la terre!

ADOLPHE, entrant par la gauche *.

Monsieur Médard!... comment, vous êtes encore là, vous? Eh bien! et les commissions que votre maître vous a données?

MÉDARD, avec dignité.

Mon maître! D'abord le bourgeois n'est pas mon maître; chez nous, là-bas, à Verdun, dans la dragée, il n'y a pas de maître, il n'y a que des patrons. Je suis son premier commis. (Il se lève et passe à gauche.) Je suis un homme libre.

ADOLPHE, descendant près de la table et rangeant.

Enfin pas moins qu'il vous a donné des commissions, et que vous devriez déjà être revenu.

MÉDARD.

Que voulez-vous! je lisais le sport, les courses de la Marche; en voilà qui s'amusent à la Daumont!...

ADOLPHE.

Vous avez de l'ambition, vous?

MÉDARD, avec feu.

Oui, j'en ai une : épater les Parisiens pendant une huitaine, faire du chic enfin! oh! il n'y a pas!... il faut que je mène un grand train.

ADOLPHE, riant.

Faites-vous chauffeur... (Médard le regarde.) Chauffeur de chemin de fer...

* Adolphe, Médard.

MÉDARD.

Gros farceur !... Pas besoin, monsieur le garçon d'hôtel, j'ai le sac... Quinze cents francs d'économies... ma gratte de sept ans de pralines, et je veux mener la vie !... ah ! mais, ce sera ça !... d'abord, je veux une cocotte...

ADOLPHE, riant.

Avec quinze cents francs? mais pour ce prix-là vous aurez une cocotte en papier.

MÉDARD, dédaigneusement.

Malheur !... je sais aussi bien que vous qu'à Paris, avec quinze cents francs, on ne peut pas fréquenter une femme à la mode plus de six mois, si on veut bien faire les choses... aussi, je ne me pose pas en protecteur, en Cromwell... je veux être son amant de cœur ; on se cache dans les placards, mais on n'éclaire pas !

ADOLPHE, le regardant.

Amant de cœur ! vous !... avec cette tête-là ?

MÉDARD.

La même... Oh ! les cocottes !... J'en ai vu une hier soir... à la porte d'un café... qui prenait son absinthe... une vraie fille... une toilette !... ah ! cré coquin !... la belle fille !

COQUILLARD, en dehors, appelant.

Garçon ! garçon !

MÉDARD, remontant vers la porte du milieu.

Oh ! la trompette du bourgeois !... je vas faire mes commissions. (Il sort. Reparaissant.) Mais comme premier commis, pas comme domestique !

Il disparaît.

COQUILLARD, paraissant à la porte numéro 17.

Garçon ! il n'y a donc pas d'eau chaude?

Adolphe va pour répondre.

PROSPER, passant la tête à la porte numéro 15 *.

Il n'y a donc personne ici?

Même jeu d'Adolphe.

COQUILLARD.

Viendra-t-on, quand j'appelle ?

PROSPER, à Adolphe.

J'ai demandé de l'eau!...

COQUILLARD, à Adolphe.

Pour ma barbe!

ADOLPHE, ahuri.

A l'instant, messieurs, à l'instant!

Il sort par la porte du fond.

SCÈNE II

COQUILLARD, PROSPER.

COQUILLARD, qui s'est retourné du côté de Prosper, l'apercevant **.

Est-on assez mal servi dans ces hôtels de Paris!

Il salue et va pour se retirer.

PROSPER, lui rendant son salut.

Ne m'en parlez pas, monsieur.

COQUILLARD.

Et on vous compte deux francs le service par jour!

PROSPER, le rappelant.

Monsieur!... Et vingt sous de bougie!

COQUILLARD.

C'est exorbitant!

* Coquillard, Adolphe, Prosper.

** Coquillard, Prosper.

PROSPER.

C'est le vol organisé !

Coquillard d'un air gracieux descend en scène, prend la chaise placée près du petit guéridon, la pose au milieu de la scène et invite Prosper à s'asseoir. Celui-ci a pris une chaise à droite, la place près de celle de Coquillard. Prosper va s'asseoir sur la chaise que Coquillard a avancée, Coquillard sur celle de Prosper *.

COQUILLARD, aimable.

Je suis heureux, monsieur, d'avoir rencontré quelqu'un qui me comprenne...

PROSPER.

Oh ! moi, monsieur, je parle toutes les langues.

COQUILLARD, saluant.

Enchanté, monsieur !

PROSPER, saluant.

C'est moi, monsieur, très-certainement qui... (A part.) Il est bon le vieux !

SCÈNE III

LES MÊMES, ADOLPHE, portant une bouilloire sur une assiette, et descendent entre Coquillard et Prosper.

ADOLPHE.

L'eau chaude demandée !

Prosper prend l'assiette et la bouilloire.

COQUILLARD se lève et s'empare de la bouilloire.

C'est bien heureux !...

Il se brûle les doigts, et pose la bouilloire sur la table à droite.

* Prosper, Coquillard.

PROSPER, le suivant l'assiette à la main.

Pardon, monsieur, mais j'avais demandé cette eau avant vous.

COQUILLARD, lui prenant l'assiette qu'il pose sous la bouilloire et traversant la scène.

C'est vrai, monsieur; mais ma barbe est plus longue que la votre... Garçon, servez monsieur! (Haussant les épaules.) Est-on mal servi dans ces hôtels!

Il rentre chez lui.

SCÈNE IV

PROSPER, ADOLPHE *.

PROSPER, furieux.

Il me prend mon eau chaude! (Allant à sa porte.) Provincial! bourgeois!... qu'est-ce que c'est que cet animal-là?

Il redescend près d'Adolphe.

ADOLPHE, allant au buffet à droite.

Je sais pas, monsieur... dans les hôtels, les voyageurs n'ont que des numéros.

Il retire du buffet le flacon d'absinthe et deux verres.

PROSPER.

Comme au bagne!... Ah! c'est le cent dix-sept peut-être! (S'adressant à la porte de Coquillard.) Hé! vieux Rocambole!

ADOLPHE, apportant le flacon et les verres sur la table.

Il l'appelle Rocambole!... Comme ça, vous v'là à Paris, monsieur Prosper?

PROSPER.

Me v'là à Paris. (Par réflexion.) Ah! je te défends de m'appeler Prosper, appelle-moi Saint-Galmier.

* Prosper, Adolphe.

ADOLPHE.

Oui, monsieur Saint-Galmier.

Il verse l'absinthe.

PROSPER.

Mon nom de guerre et d'amour... mon nom couleur de muraille...

ADOLPHE.

Le nom sous lequel vous avez fait poser les bourgeois... ah! en avez-vous fait de ces farces, monsieur Prosper!

Il prend la carafe.

PROSPER, allant à Adolphe et lui prenant la carafe.

Oui, je m'en suis payé quelques-unes, mon bon Adolphe. (Il pose son verre à terre et de sa hauteur verse l'eau.) Mais tout cela est fini, je me range.

ADOLPHE.

Allons donc!

PROSPER.

Je ne suis plus le voyageur de commerce que tu as connu, l'aimable Gaudissart, dont les cascades ont étonné nos grands centres manufacturiers. Je deviens l'associé de mon oncle, et je me marie.

ADOLPHE.

Oh! monsieur!

PROSPER s'arrête et pose la carafe sur la table ainsi que le verre.

Comment, oh! monsieur! Tu ne veux pas que je me marie? Mais ce garçon est ignoble! il ne veut pas que je me marie à présent! mais, Adolphe, tu es un monstre... Comment! voilà les Mormons... (Appuyant.) les Mormons, en Amérique... eh bien! il y a un petit mormon de vingt-quatre ans qui a cent quatre-vingt-dix-huit femmes; et moi qui ai vingt-cinq ans, je n'en ai pas une! Adolphe, la société ne veut pas de ça...

ADOLPHE.

Oh! la société!...

Il va au buffet à droite prendre la boîte à cigares et redescend près de Prosper.

PROSPER.

Il n'y a pas de : oh!... Le mariage est un devoir... il est temps que je rende une jeune fille heureuse.

ADOLPHE *.

Parfaitement!... (Lui présentant la boîte.) Monsieur, vous offrirai-je?...

PROSPER.

Quels sont ces cigares? sont-ils bons?

ADOLPHE.

Oh! excellents! ce sont ceux que je fume! ce sont les vôtres!

PROSPER.

Ah! tu te...

ADOLPHE.

Monsieur est si bon pour moi! (Il prend un cigare le presse dans ses doigts et le porte à son oreille.) En voilà un qui me paraît délicieux; il chante...

Il va pour le mettre dans sa poche.

PROSPER.

Donne-le moi. (Il prend le cigare.) Il y a un an, figure-toi que j'étais à Saint-Étienne, pour acheter deux ou trois cent mille francs de soiries, nouveauté extra. (A lui-même.) J'ai même fait une assez bonne affaire! (Reprenant.) Voilà que tout à coup, à trois heures du matin, je me réveille à l'hôtel avec un de ces rhumes... (Adolphe tousse.) comme le tien... je sonne pour avoir de la mauve... per-

* Adolphe, Prosper.

sonne!... pas de garçon!... Alors je me suis dit : Sapristi! si j'avais une femme, je lui dirais : « Ma bonne amie, lève-toi, et va me faire de la tisane... » Il est temps que je rende une jeune fille heureuse!

Il va à la table.

ADOLPHE.

Ah ! ah! elle est bien bonne ! (A Prosper, le voyant prendre un verre.) Pardon, monsieur, c'est mon verre...

PROSPER.

Ah! tu t'es fait aussi?...

ADOLPHE.

Une petite panachée...

PROSPER.

Tu as bien raison. On n'a que le bon temps que l'on se donne.

Il boit.

ADOLPHE.

C'est égal, vous marier! vous qui étiez si gai!

PROSPER, descendant à gauche. Adolphe profite de ce mouvement pour boire.

J'ai été jeune, mon bon Adolphe, oui, j'ai coupé les cordons de sonnettes, j'ai fait des farces à des concierges dignes de sympathie ; oui, j'ai réveillé les sages-femmes de la rue Lamartine, en leur disant : Allez bien vite rue de Vaugirard prolongée 324... courez, il n'est que temps!... Tout ça, c'est amusant... Mais ces plaisirs ne sont point éternels. La société veut que je sois marié, conseiller municipal et père de famille!

ADOLPHE.

Et vos futurs parents ?

PROSPER.

Je ne les connais pas!...

ADOLPHE.

Allons donc!

Il tire de sa poche une boîte d'allumettes et en offre une allumée.

PROSPER, allumant son cigare.

Puisque je te le dis!... c'est mon oncle qui a fait le mariage, je n'ai qu'un renseignement : Énormément de foin dans les bottes.

ADOLPHE.

Et votre future est-elle jolie?

PROSPER.

Tu vas en juger! Regarde et sois ébloui...

Il lui montre un portrait-carte qu'il tire de la poche de son gilet.

ADOLPHE.

Très-jolie!

Il enlève les verres et le carafon qu'il pose sur le buffet à droite.

PROSPER.

C'est une mignon de Gœthe... du département de la Meuse.

ADOLPHE.

Comme ça, nous allons vous perdre?

PROSPER, marchant tout en parlant.

Oui, Adolphe. Mais je veux enterrer gaîment mon odyssée de célibataire. Tu comprends, n'est-ce pas, que quand je serai marié, si je continue mes gredineries, je serai tout simplement une petite canaille.

ADOLPHE.

Oui, monsieur!

PROSPER.

A moi donc la folie de la fin! la bamboche de l'étrier!

ADOLPHE.

A la bonne heure!

PROSPER.

Je suis condamné à un bonheur légal, c'est vrai ; mais ce n'est que dans un mois que je purge ma condamnation.

ADOLPHE.

Décidément, je vous retrouve!

Ils continuent à causer.

SCÈNE V

LES MÊMES, COQUILLARD.

COQUILLARD, sortant de chez lui.

Garçon, quand vous aurez fini de causer avec monsieur, vous irez me chercher mon linge.

Il passe derrière eux et va à la table à droite prendre un journal.

ADOLPHE, sans se déranger.

Tout de suite, monsieur !

Il continue de parler à Prosper.

COQUILLARD, regardant Adolphe.

Tout de suite!... (Par réflexion.) Au fait, oui, allez-y tout de suite!

Il va s'asseoir à gauche et parcourt le journal.

ADOLPHE.

Oui, monsieur.

Il sort par le fond.

PROSPER, descend à droite, se retourne, et regarde Coquillard.

Ah ! c'est trop fort! la mesure est comblée !

COQUILLARD, à part.

Qu'est-ce qui lui prend?

PROSPER, avance sa chaise près de Coquillard, s'assied et d'une voix sourde *.

Comment ! je suis en train d'ouvrir mon cœur à ce garçon d'hôtel, de l'initier à mes plus intimes pensées... aux choses de ma vie que je devrais cacher à mon ami, même le plus cher, et vous venez le déranger pour vous aller cherchez des chemises !...

COQUILLARD.

Pardon, monsieur... une supposition... vous auriez besoin...

PROSPER.

Allons! allons! pas de faux-fuyants ! c'est un duel que vous voulez?...

COQUILLARD, ahuri.

Hein ?

PROSPER.

J'ai des ennemis puissants, n'est-ce pas? Et c'est vous, le coupe-jarret, le spadassin de profession, qu'on a choisi pour m'assassiner?

COQUILLARD, même jeu.

Qu'est-ce qu'il dit ? qu'est-ce qu'il dit?

PROSPER, avançant sa chaise et se plaçant bien en face de Coquillard; avec amertume.

Ah ! monsieur, vous faites là un bien vilain métier pour votre âge.

COQUILLARD, se tournant vers Prosper.

Est-ce que vous vous fichez de moi ?

PROSPER.

Mais il y a des lois, des tribunaux, des gendarmes... (Criant.) A l'assassin ! à l'assassin !

* Coquillard, Prosper.

COQUILLARD, à moitié fou.

Voulez-vous bien vous taire !

Il lui met son journal devant la bouche.

PROSPER.

Ne me touchez pas ! (Criant à tue-tête.) A l'assassin ! (Il se lève.) A l'assassin !

COQUILLARD; il se lève.

Qu'est-ce que ça signifie ?

PROSPER, qui a gagné la porte de sa chambre, s'arrête, très-poli et s'inclinant.

Monsieur, c'est une farce de fumiste.

Il lui fait le geste du gamin de Paris, et rentre chez lui.

COQUILLARD.

Un fumiste !

PROSPER, reparaissant.

Ah ! tu m'as pris mon eau chaude ! Je te déclare la guerre, entends-tu ? la guerre !

Il disparaît.

COQUILLARD, qui a pris une chaise, et d'un air menaçant.

Allez-vous promener !... il n'est que temps !

Il pose la chaise et passe à droite.

SCÈNE VI

COQUILLARD, seul, puis CORNÉLIE.

COQUILLARD, furieux.

Un fumiste m'a roulé ! (Apercevant Cornélie qui entre.) Ma femme !...

Ne lui laissons pas voir que j'ai été roulé par un fumiste. (Allant à sa femme et d'un ton gracieux.) Ah ! c'est toi, Cornélie ? *

CORNÉLIE.

Oui, je venais... je voulais... (Le considérant.) Mais... qu'avez-vous donc, Euryale ?

COQUILLARD.

Ce que j'ai ?... mais...

CORNÉLIE.

Votre teint n'a pas, ce me semble, son incarnat habituel.

COQUILLARD, embarrassé.

Ah ! vraiment ?... tu trouves ?... Mon Dieu ! c'est possible ! car je suis père après tout, quoique je n'aie qu'une fille... et la situation d'un père est terriblement tendue, quand il s'agit du mariage de son unique rejeton. Je ne voudrais pas effrayer ton cœur de mère, mais il est bien évident que la société est aujourd'hui d'un relâché... d'un relâché !...

CORNÉLIE.

Ah !

COQUILLARD, s'animant.

Où vont les jeunes gens d'aujourd'hui ? on ne le sait pas ! et en somme, ma bonne amie, nous ne connaissons pas le futur époux de notre fille... Tu me diras : C'est Coindet, son oncle, qui a manigancé l'affaire. Je sais bien que Coindet n'est pas tout à fait un imbécile ; mais enfin, Coindet est un homme, et partant, sujet à l'erreur. Eh bien ! suppose un instant (il faut tout supposer, n'est-ce pas ?) suppose un instant que Coindet se soit trompé sur le compte de...

CORNÉLIE.

Ah ! tu me fais frémir !

* Cornélie, Coquillard.

COQUILLARD.

Parbleu ! voilà deux ans que je frémis, moi ; depuis que Célestine est nubile, je frémis!... Aussi, pourquoi avons-nous eu une fille?... Je voulais un garçon, paf! il nous tombe une fille... C'est pas ta faute, c'est pas la mienne, je sais bien : nous avons eu une fille, il faut qu'elle soit heureuse!

CORNÉLIE, émue.

La pauvre bichette!

COQUILLARD.

Un père de pacotille... sais-tu ce qu'il aurait dit, un père de pacotille? il aurait dit : « C'est Coindet qui fait le mariage. Eh bien, quoi! Si ma fille est malheureuse, si son mari mange son bien avec des farceuses, si un beau jour il la flanque sur la paille, à qui s'en prendra-t-on? à Coindet!... Quant à moi, on n'aura rien à me reprocher. » Et là-dessus, il aurait prit sa canne et son chapeau, le père de pacotille, il se serait rendu au café de la Comédie, et aurait fait tout tranquillement sa partie de bézigue en quinze cents liés... Eh bien! moi, l'homme du foyer, le représentant des mœurs patriarcales, j'ai pensé autrement...

CORNÉLIE.

Euryale, tu es beau!

COQUILLARD.

Cornélie, tu as acheté le trousseau de Célestine, ton devoir de mère est rempli!... Mon devoir de père commence... et pour avoir des renseignements positifs sur mon gendre, je ne reculerai devant rien! Je courrai les promenades, les spectacles, les bals... j'irai, s'il le faut, dans la lune! Et après tout ça, si Célestine est malheureuse, nous aurons le droit de dire : « Nous avons fait ce que nous avons pu... Qui fait ce qu'il peut fait ce qu'il doit... ça ne nous regarde pas, qu'elle s'arrange! »

Il remonte en s'essuyant les yeux.

CORNÉLIE, timidement, elle passe à droite.

Dois-je t'aider dans tes recherches?

COQUILLARD.

C'est impossible! ma bonne amie, je te le dis avec ma rude franchise: Tu me gênerais! retourne à Verdun!

CORNÉLIE.

Mais...

COQUILLARD.

Ah! tu peux te reposer sur mon zèle, ma louloute, sur mon cœur de père! Cornélie, je veux un gendre qui n'ait pas trop roulé sa bosse; d'un autre côté, je ne voudrais pas d'un gendre qui ne l'aurait pas roulée du tout... Il faut pour faire le bonheur d'une femme, qu'un homme ait fait ses farces, mais convenablement, gentiment!... Un jeune homme pur, mauvaise affaire; il se rattrape plus tard... Tiens! sans aller bien loin, vois le rois Louis XV! (Insistant.) le roi Louis XV!...

CORNÉLIE.

Il n'a pas rendu sa femme heureuse?...

COQUILLARD.

Lui!... quelquefois il ne rentrait pas chez lui de huit jours!... Sa femme disait: « Où est-il? qu'est-ce qu'il fait? Pourvu qu'il ait la clé!... » Très-malheureuse!... Mais voilà: les parents ont dit: « Il nous demande notre fille, il est roi de France, il a une position... allons-y!... » Eh bien! moi, Coquillard, je saurai bientôt tout ce qui peut concerner le mortel dont notre fille est appelée à perpétuer le nom; je connaîtrai ses goûts, ses mœurs, le monde qu'il fréquente; je saurai s'il a une vieille liaison.

CORNÉLIE.

Une vieille liaison?

COQUILLARD.

A Paris, ça s'appelle autrement, mais il est des mots parisiens que je ne prononcerai jamais devant toi... A Paris, ils appellent ça : « avoir son petit crampon. »

CORNÉLIE, choquée.

Oh! Euryale!

COQUILLARD.

Qu'est-ce que tu veux, ma bonne amie, voilà le jargon des Parisiens!... Où va la jeunesse d'aujourd'hui?... je te répète qu'on ne le sait pas... Oh! la jeunesse! tandis que moi, je suis déchiré par la pensée de te quitter. (Avec douleur et appuyant.) Pour un mois peut-être!

CORNÉLIE, très-calme.

Prends ton temps, mon ami, prends ton temps.

COQUILLARD, la serrant dans ses bras.

Ah! quel courage! une femme ordinaire aurait été chercher des si, des mais; toi, tu dis : Prends ton temps! Tu es une Romaine!... La mère des Gracques, embrassez-moi!

Il l'embrasse.

CORNÉLIE, avec déchirement.

Euryale!

SCÈNE VII

LES MÊMES, MÉDARD *.

MÉDARD.

Tiens! mes deux toqués qui s'embrassent... sont-ils bêtes!

COQUILLARD, apercevant Médard.

Ah! c'est toi, Médard?

* Coquillard, Cornélie, Médard.

MÉDARD.

Oui, patron, j'ai fait vos commissions.

COQUILLARD, l'interrompant.

C'est bien! tu vas te disposer à partir.

MÉDARD.

Partir?...

COQUILLARD.

Oui. Vous prenez le train de deux heures vingt-cinq. Tu n'as juste que le temps de faire les malles.

MÉDARD.

Mais... où donc que nous allons, comme ça?...

COQUILLARD.

Madame et toi, vous retournez à Verdun.

MÉDARD.

A Verdun? (A part.) Eh bien! et moi qui viens d'acheter des faux-cols et un pantalon collant! Ah! elle est mauvaise, celle-là!

COQUILLARD.

Allons! allons! viens vite!

MÉDARD.

J'y vais, quoi! j'y vais!

Il remonte à la porte.

COQUILLARD.

A tout à l'heure, Cornélie.

CORNÉLIE.

A tout à l'heure, mon ami.

COQUILLARD.

Suis-moi, Médard... allons, vivement!...

MÉDARD.

Oui, patron. (A part.) Ah! mais oui, qu'elle est mauvaise!

Il sort derrière Coquillard.

SCÈNE VIII

CORNÉLIE, seule, envoyant des baisers à la cantonade.

Bon époux!... négociant intègre!... excellent citoyen!... Et... si mal récompensé! (Redescendant.) Depuis dix-neuf ans, c'est la cinquantième fois que j'ai envie de tout lui dire et que... (Après un temps, et avec éclat.) Ah! pourquoi les Français ont-ils conquis l'Algérie!... Singulière histoire que la mienne!... Etrange!... étrange!... Vous allez voir. Lors de la déclaration de ma naissance, l'employé de la mairie se trompe; il dormait... probablement... et au lieu de Cornélie, il inscrit Frédéric!... Vingt ans se passent!... un beau matin, le tambour de la commune vient m'annoncer que le tirage au sort a eu lieu et que M. le maire a amené pour moi le numéro 22. Je cours chez ce fonctionnaire! Je suis une fille, lui dis-je!... Il me répond : Ça ne me regarde pas, vous vous expliquerez devant le conseil!... Naturellement, je ne m'y présente pas... je cours au ministère de la guerre et je formule ma réclamation... Le sous-chef me dit : « Mon Dieu, moi, ça ne me regarde pas!... Mais il paraît que vous êtes bon pour le service... on vous a incorporée dans le 2e chasseurs d'Afrique... voici votre feuille de route; vous vous expliquerez à Alger. » Je pars... j'arrive... et... ma foi!... là-bas, les choses traînaient en longueur! Qu'est-ce que vous voulez! j'ai pris mon parti en brave, endossé l'uniforme de vivandière... carrément!... J'avais un bon camarade... le brigadier Frumence... un mètre quatre-vingt-cinq... Pendant les razzia... nous maraudions ensemble .. Quels souvenirs!... Que vous dirai-je?... j'avais fini par me croire un homme, quand je m'aperçus... que j'allais être mère... Grâce à cet... accident, je pus obtenir enfin ma libération du service militaire. Je confie mon nourrisson au 2e chasseurs, j'embrasse l'escadron, et je pars pour Verdun. Là, j'entrai comme demoiselle chez M. Coquillard; trente jours plus tard, il s'éprenait de mes charmes, et trois semaines après, il me traînait à l'autel... (Avec douleur.) Depuis ce temps, je n'ai pas eu de nouvelles de mon fils!... (Changeant de ton.) Il est vrai de dire que je me suis bien gardée d'en demander. (Avec sentiment.) Le pouvais-je?... Non... d'ailleurs, rappeler mon fils près de moi, c'était entraver sa carrière. Il est évident qu'il se couvre de gloire à cette heure. Oui, oui, il s'en couvre! je le vois d'ici!... O mon secret! fatal secret, reste enseveli dans les sables du désert!...

SCÈNE IX

CORNÉLIE, PROSPER.

Prosper entre vivement; il tient une paire de bretelles à la main.

PROSPER *.

Mais nom d'un petit bonhomme! il n'y a donc plus personne, ici?... (Apercevant Cornélie.) Ah! enfin! Tenez, faites-moi un point à ça, la bonne, et vivement!

CORNÉLIE, sautant.

Hein? Malhonnête! va-nu-pieds!

PROSPER.

Ah! vous n'êtes pas?... Pardon, on peut bien se tromper de ça!

Il remonte.

CORNÉLIE, allant à lui.

Comment? On peut se tromper de ça!... la bonne! Paltoquet!

PROSPER, redescendant **.

Ah! vous n'êtes pas gentille, Amanda...

Il remonte.

* Prosper, Cornélie.

** Cornélie, Prosper.

CORNÉLIE.

Insolent !

PROSPER.

Joséphine !... où qu'est donc la petite fifille à sa mémère?...

Il l'embrasse et rentre vivement chez lui.

CORNÉLIE, le poursuivant.

Polisson !

SCÈNE X

CORNÉLIE, puis MÉDARD, et ensuite COQUILLARD.

CORNÉLIE, en proie à la plus violente agitation.

Ah ! le misérable ! (Avec un cri.) Ah ! je le sens, je vais me trouver mal !...

Elle tombe sur une chaise à droite.

MÉDARD, entrant avec une valise à la main*.

Oh ! mais non ! nous manquerions le train ! (A part.) C'est-à-dire qu'elle manquerait le train ; car j'ai idée que je vas la lâcher à l'embarcadère !... faut que je batte Paris !... Je veux voir un peu ce qu'ils ont fait de Lutèce ! J'ai acheté un plan...

Il s'assied et déploie un plan qu'il regarde.

COQUILLARD, entrant **.

Tout est prêt, Cornélie !... Tes colis sont sur le fiacre !

CORNÉLIE, à part, en regardant Coquillard, se levant.

Ah ! il me vengera, lui ! (S'attendrissant.) Mais non !... je ne dois pas armer son bras ! (Avec des larmes.) l'autre me le tuerait peut-être !

Elle se jette au cou de Coquillard.

* Médard, Cornélie.
** Médard, Coquillard, Cornélie.

COQUILLARD, qui semble lutter contre son émotion, la repousse, Cornélie retombe sur la chaise.

Laisse-moi toute ma force, Cornélie! j'en ai besoin, va! Et d'abord, je veux quitter cette maison où tu ne seras plus...

CORNÉLIE, vivement.

Ah! tu t'en vas d'ici?

COQUILLARD, se mettant à genoux près d'elle.

Dans une heure au plus tard, j'aurai déserté ce seuil; j'irai chercher un modeste asile, dans quelque coin ignoré, et la plus stricte économie...

CORNÉLIE.

Ah! ne te laisse pas manquer de tout, cependant!

COQUILLARD, la voix mouillée par l'émotion.

Ah! ce qui me manquera le plus, ce sera toi, Cornélie!

MÉDARD, à part.

Est-ce que ça va durer longtemps, ces blagues-là? —

Il se lève, remonte la scène pour redescendre à droite.

COQUILLARD.

Ah! je ne puis songer sans effroi au moment où je serai seul, tout seul, dans cette ville maudite, et loin de ton aile protectrice!

CORNÉLIE.

Que veux-tu, Euryale, puisqu'il le faut!...

COQUILLARD, avec effort, se relevant.

Oui... c'est vrai... il le faut!... O nécessité! nécessité!... Implacable déesse!

MÉDARD, à part.

Oh! la! la! Oh! la! la!

COQUILLARD, à Médard, en essuyant ses larmes.

Mon ami... veille bien sur ta maîtresse!...

MÉDARD, à lui-même.

Ah! Dieu!... je me relèverai la nuit...

COQUILLARD.

Embrasse-moi, Cornélie! (Cornélie se lève.) Je ne te reconduis pas... parce que je me connais, vois-tu... une fois dans la gare, je ne serais pas maître de mon émotion! je me trouverais mal dans l'embarcadère, devant une foule indifférente! va-t'en! va-t'en!... Abrégeons ces adieux déchirants! Médard, arrache-la de mes bras!...

MÉDARD, tirant Cornélie de toute sa force par sa robe *.

Voyons, patronne, allons-y !

Cornélie quitte Coquillard, le regarde et s'élance de nouveau dans ses bras.

CORNÉLIE.

Adieu! adieu!

COQUILLARD.

Adieu!

Cornélie remonte vers la porte du fond et se jette dans les bras de Médard qui la suit et ils sortent par le fond.

SCÈNE XI

COQUILLARD, seul.

Il remonte à la porte du fond, agite son mouchoir comme pour adresser un dernier adieu à sa femme; puis redescend sur le devant de la scène en s'essuyant les yeux. Il s'arrête et se met à rire; en confidence au public.

Maintenant... la vraie vérité, la voilà : c'est que je reste à Paris pour faire la noce!... (Adolphe entre, suivi de deux garçons et d'un sommelier. Un garçon, aidé par Adolphe, met le couvert sur la table à droite,

* Coquillard, Cornélie, Médard.

pendant qu'un autre garçon pose des assiettes pour le service sur le guéridon à gauche. Le sommelier a apporté trois bouteilles qu'il pose sur le buffet du fond à gauche.) Mon raisonnement est bien simple!... Dans quinze jours à peu près, je marie ma fille ; dans un an au plus, je serai grand-père... Or, comme il serait ignoble à moi de traîner ce titre sacré dans les fantaisies de la vie parisienne, je veux m'y plonger jusque-là, tandis qu'il en est temps encore. Je veux mordre à la grappe du plaisir, voilà vingt ans que je rêve ça. Je veux des habits somptueux... des huit-ressorts et des chanteuses de l'Alcazar... enfin je veux faire du chic, comme on dit!...

SCÈNE XII

COQUILLARD, ADOLPHE, puis PROSPER.

ADOLPHE, qui a présidé au service.

Là... monsieur va être servi dans un instant.

COQUILLARD.

Je meurs de faim!...

ADOLPHE.

Monsieur peut déjà se mettre à table... on ouvre les huîtres.

COQUILLARD.

Parfait! (A lui-même.) Je me suis commandé un petit dîner fin... tout ce que je ne connaissais pas sur la carte, je l'ai demandé. (Riant.) Qu'est-ce que vous voulez! je guette mon gendre!

Il va s'installer devant la table, Prosper sort de chez lui, prend une chaise à gauche, descend près de Coquillard et s'assied vis-à-vis de lui.

PROSPER.

Garçon, un couvert de plus!

COQUILLARD, se levant.

Encore le fumiste!

PROSPER, allant à lui.

Tenez, si vous m'en croyez, nous ferons la paix le verre en main.

COQUILLARD.

Moi? trinquer avec vous? Jamais de la vie!

PROSPER.

Comme ça, vous voulez donc la mort du pécheur?

COQUILLARD, à part.

Qu'est-ce qu'il me chante?

PROSPER.

Voyons, j'ai eu tort, je le reconnais... Je me suis permis une plaisanterie...

COQUILLARD.

Détestable, monsieur, détestable!

PROSPER.

Eh bien! oui, oui; mais il faut bien pardonner quelque chose à la jeunesse.

COQUILLARD.

Mon Dieu! certainement, parbleu! je ne suis pas un Turc!

PROSPER.

Non! car alors vous seriez bien déguisé.

COQUILLARD.

Et si vous me faisiez des excuses?... Me faites-vous des excuses?

PROSPER.

Oui!

COQUILLARD.

Alors, un couvert de plus!

ADOLPHE.

Il y est, monsieur.

Il va au fond et donne des ordres.

PROSPER, s'asseyant vis-à-vis de Coquillard *.

Ah! à la bonne heure!... Figurez-vous que j'ai en horreur les tables d'hôtes...

COQUILLARD.

Moi aussi...

PROSPER.

On a affaire à un tas de farceurs...

COQUILLARD noue sa serviette autour de son cou. Au garçon.

Eh bien ! ces huîtres! j'ai une faim!

ADOLPHE.

A l'instant!

PROSPER, le regardant.

Ah! mon Dieu!

COQUILLARD.

Quoi donc?

PROSPER.

Comment mettez-vous votre serviette? Mais, monsieur, vous ne savez pas manger!... Mais, monsieur, à Paris, il faut savoir dîner... C'est une science... un art... un chic... (Il se lève et lui tend la main.) Ah! quel bonheur pour vous de m'avoir rencontré.

COQUILLARD se lève et lui presse la main.

Monsieur, je suis étranger, j'avoue que...

PROSPER.

Monsieur, je vais vous montrer comment on dîne à Paris. Voulez-vous être un homme réussi?

* Les garçons, Adolphe, Prosper, Coquillard.

COQUILLARD.

Certainement !

PROSPER.

Eh bien! ne perdez pas une seule de mes paroles... (Ils se rasseyent.) Vous y êtes, hein?

COQUILLARD.

Oui... oui...

PROSPER.

Je commence. La serviette jetée négligemment sur la cuisse gauche... penchez-vous en arrière... ouvrez la bouche... ayez l'air de ne pas avoir faim.

COQUILLARD, après avoir exécuté ce que lui a dit Prosper.

C'est que je n'ai pas encore déjeuné !...

PROSPER.

Ça ne fait rien! vous allez voir...

ADOLPHE, qui a pris des mains d'un garçon le plat, le posant sur la table.

Voilà les huîtres !

PROSPER.

Garçon, qu'est-ce que c'est que ces huîtres-là?

ADOLPHE.

Armoricaines, monsieur.

Prosper en prend une, la goûte et la pose sur le plat. Coquillard a pris du poivre pour le mettre sur son huître et s'apprête à l'avaler. Prosper la lui retire et la pose sur le plat.

PROSPER.

Mais elles ne sont pas fraîches... emportez ça... (Adolphe enlève le plat et les assiettes qu'il pose sur le buffet à droite, pendant qu'un garçon remet des assiettes devant Coquillard et Prosper. Un autre garçon apporte une soupière et la donne à Adolphe qui la pose sur la table. Ce même garçon emporte des assiettes qui sont sur le buffet. A Coquillard.) Ne perdez rien de ce que je fais.

COQUILLARD.

Soyez tranquille!

ADOLPHE.

Soupe tortue...

PROSPER, sert Coquillard, puis lui-même ; il goûte la soupe. Coquillard goûte aussi la sienne, y met du sel, du poivre, et va pour manger. Prosper lui enlève son assiette. Au garçon.

Pitoyable, détestable! (Adolphe enlève la soupière.) Ça n'est pas de la tortue, ça, c'est de la tête de veau... (A Coquillard.) Ne perdez rien de ce que je dis.

COQUILLARD, se levant.

Je ferai une simple observation... si c'est de la tête de veau, avec de l'huile et du vinaigre...

PROSPER.

Asseyez-vous...

ADOLPHE.

Barbue au vin rouge.

Il présente le plat à Coquillard et à Prosper qui paraissent satisfaits et le pose sur la table.

PROSPER.

Voyons-la, cette barbue?

Il sert.

COQUILLARD, fredonnant.

Bu qui s'avance...
Bu qui s'avance...

PROSPER, mangeant.

C'est à peu près passable!

COQUILLARD.

Le fait est que ça a bonne mine...

Il va pour manger.

PROSPER, l'arrêtant.

Qu'est-ce que vous feriez?

COQUILLARD.

Je la mangerais...

PROSPER.

Voilà où vous manquez de chic... Ayez l'air mécontent!

COQUILLARD.

Pourquoi? puisque ça a bonne mine...

PROSPER.

Prenez un cure-dents!

COQUILLARD.

Pourquoi faire?

PROSPER.

Voulez-vous être un homme réussi? oui?... prenez un cure-dents!

COQUILLARD.

Puisque je n'ai rien mangé!... Enfin, moi, je veux bien.

Adolphe enlève les assiettes, et redescend près de Prosper une bouteille à la main et lui verse.

PROSPER.

Qu'est-ce que c'est que ce vin là?

ADOLPHE.

Branne-Mouton 46, monsieur...

Prosper goûte le vin. Adolphe, qui l'observe, ne répond pas à Coquillard qui lui tend son verre.

PROSPER.

Ça, du Branne-Mouton 46? allons donc!... où est le sommelier? (Adolphe fait signe au sommelier qui descend près d'Adolphe.) Ah! te voilà!... (Lui montrant la bouteille.) C'est du Branne-Mouton 46? (Le sommelier veut répondre. Prosper lui donne la bouteille et se retourne vers Coquillard en haussant les épaules. Le sommelier remonte poser la bouteille sur le buffet au fond à gauche.) Dites donc comme moi, vous!...

COQUILLARD.

Mais c'est de la piquette! c'est infect!

PROSPER.

C'est de l'argenteuil!

COQUILLARD.

C'est pas buvable!

PROSPER.

Jetez votre serviette! (Coquillard jette sa serviette sous la table.) Pas dessous, dessus!

COQUILLARD, obéissant.

C'est du petit vin, ça n'a pas de bouquet, ça n'a pas de chair!...

PROSPER.

Bien! reprenez votre serviette! (Coquillard se l'attache au cou. Prosper vivement.) La cuisse!...

COQUILLARD, ne comprenant pas et interpellant le garçon.

La cuisse?... allons! (Il regarde Prosper et, sur un geste de celui-ci, il place vivement sa serviette sur la cuisse.) Ah! oui, j'oubliais.

ADOLPHE, désignant le plat qu'il porte et se disposant à le mettre sur la table.

Coq de bruyère!

PROSPER.

C'est trop cuit!

COQUILLARD.

Mais vous ne l'avez pas vu!...

PROSPER.

Je n'ai pas besoin de le voir... mais cette maison est une gargote!

ADOLPHE.

Le dessert!

PROSPER.

J'en veux pas!

Adolphe fait signe au garçon qui descend avec un plateau, des tasses à café qu'il pose sur la petite table à gauche.

COQUILLARD.

Un petit camembert? hein?

PROSPER, se levant.

Je suis empoisonné. (A Coquillard.) Levez-vous! (A Adolphe.) Le café! les cigares!

COQUILLARD se lève.

C'est une gargote!

ADOLPHE, au garçon.

Versez!

Le garçon verse dans les tasses pendant qu'un autre garçon met sur la table à droite deux lavabos.

PROSPER.

Eh bien! et les bols? il n'y a même pas de bols dans la maison!

ADOLPHE.

Mais, monsieur, ils sont là!

PROSPER, revenant à la table à droite, à Coquillard.

Prenez votre verre... (Coquillard prend son verre et va pour trinquer avec Prosper.) Mais non!...

COQUILLARD, de mauvaise humeur.

Est-ce que je sais!

PROSPER.

Lavez-vous le bout des doigts, comme ça.

(Il remue les doigts.)

COQUILLARD.

Mais c'est inutile, je n'ai rien mangé!...

PROSPER.

Eh bien! ce café?... Est-ce qu'on est allé à la Martinique?

ADOLPHE.

Il est versé, monsieur.

PROSPER, à Coquillard.

Venez!

Il s'assied à gauche de la petite table.

COQUILLARD, à lui-même.

Je crois qu'il se moque de moi.

PROSPER, à Coquillard.

Prenez votre demi-tasse...

COQUILLARD.

Mais sacrebleu! je ne veux pas boire du café... puisque je n'ai rien mangé!

PROSPER, se lève.

Vous n'avez rien mangé, c'est vrai, mais vous savez dîner, maintenant. (Il rit.) Garçon, l'addition à monsieur!

Il se dirige vers sa chambre.

COQUILLARD, furibond, se retourne et lui lance sa serviette.

Ah! brigand!

PROSPER.

Ah! tu m'as pris mon eau chaude!

Il rentre chez lui.

COQUILLARD, seul.

Il m'a encore pincé! (Avec fureur.) Tu ne mourras que de ma main! Et je le regardais manger encore! Mystifié!... jusqu'à la garde!... Garçon! garçon!

ADOLPHE, apportant la note.

Monsieur, voici l'addition!

Il la pose sur la table.

COQUILLARD.

Garçon! je pars à l'instant! votre hôtel est un coupe-gorge! ma malle, à l'instant! (Adolphe sort, courant çà et là.) Je lui enverrai mes témoins!... non, non! je le traînerai devant la cour d'assises! (Criant.) Ma malle!

ADOLPHE, rentrant avec la malle.

Voilà, monsieur! (Coquillard veut la prendre.) Et la note?...

COQUILLARD.

Je ne vous demande pas ça...

ADOLPHE, gardant toujours la malle et la note.

Cent francs soixante-quinze.

COQUILLARD, bondissant.

Cent francs soixante-quinze! (Tirant de sa poche des pièces d'or et en jetant cinq sur la table.) Tiens donc! (Il prend la malle et remonte en s'adressant à la porte de Prosper.) Tu auras de mes nouvelles, Cartouche!

Il sort précipitamment et dans le plus grand désordre.

ADOLPHE, qui a ramassé les pièces, criant.

Monsieur! il manque soixante-quinze centimes...

COQUILLARD, en dehors.

Gardez tout!

Musique à l'orchestre jusqu'au baisser du rideau.

SCÈNE XIII

ADOLPHE, CORNÉLIE, puis PROSPER et LES GARÇONS.

A peine Coquillard a-t-il disparu que la porte de gauche s'ouvre et que Cornélie paraît, suivie d'un garçon qui porte ses bagages.

CORNÉLIE.

Mon mari doit être parti? Réintégrez-moi au nº 17! (Au public.) Libre pour un mois! (A Adolphe.) Une calèche de chez Brion! (A part.) Moi aussi, je veux faire mon petit tour du lac!

PROSPER, sortant de chez lui à Adolphe.

Est-il parti? (Adolphe lui fait un signe affirmatif. Il descend en scène et se trouve nez à nez avec Cornélie.) Oh! la déesse du bœuf gras!

CORNÉLIE, furieuse.

Oh! impertinent!

Cornélie lui lance à la tête un pain et une serviette. Les garçons entrent.

ENSEMBLE.

Air : de *la Déesse du bœuf gras*

PROSPER.

Par quel doux privilége,
Déesse aux frais appas,
Quittas-tu le cortége
D'Sa Grosseur le bœuf gras?
Ah! ah!

CORNÉLIE.

C'est un vrai sacrilége
Car je n'assistais pas
Comm' déesse au cortége
D'Sa Grosseur le bœuf gras!
Ah! ah!

LES GARÇONS.

Par quel doux privilége,
Déesse aux frais appas,
Quittas-tu le cortége
D'Sa Grosseur le bœuf gras?
Ah! ah!

Le rideau baisse sur l'ensemble.

ACTE DEUXIÈME

Un salon.—Cheminée au fond avec glace, fauteuils.— A gauche, sur le devant de la scène, une petite table sur laquelle se trouvent un vase potiche, encrier, gravures de modes; chaises. — Premier plan, une grande glace; au-dessus une porte; une fenêtre près de la cheminée. — A droite, face au public, un canapé, un petit guéridon où se trouve placé un service à thé. —Au premier plan, une grande glace; de chaque côté un tambour de basque; une porte, deuxième plan, et près de la cheminée une autre porte.

SCÈNE PREMIÈRE

FRANÇOISE, PIERRE, puis VICTOIRE.

Au lever du rideau, Françoise regarde en riant dans la chambre à gauche dont la porte est ouverte. Pierre, assis à droite, parcourt un album de photographies.

FRANÇOISE, riant *.

Ah! c'est trop fort! v'li! v'lan!... la poudre de riz!... Et je t'en flanque! et je t'en flanque!

On entend sonner dans la chambre où est Victoire.

VICTOIRE, au dehors.

Françoise!... viendra-t-on ?... voyons!...

* Françoise, Pierre.

FRANÇOISE.

La v'là !

VICTOIRE, paraissant dans une toilette inouïe *.

Ah çà! où êtes-vous, voyons? On me laisse carillonner des heures... je suis servie, c'est infect!...

FRANÇOISE, étouffant une envie de rire.

Mais, madame...

VICTOIRE.

C'est bon, en voilà assez!... Ah! le cocher à présent... Qu'est-ce que vous voulez, vous?

Elle descend à la table, Françoise passe derrière elle **.

PIERRE.

Madame, c'est pour le fourrage.

VICTOIRE, s'asseyant à gauche près de la petite table.

Eh bien! achetez-en, mangez-le, et laissez-moi tranquille! (S'étirant en faisant claquer ses doigts.) Ah! je suis énervée... je suis énervée!... (Françoise et Pierre éclatent de rire. — Sévèrement.) Eh bien! (Ici les trois personnages se regardent un instant et partent d'un grand éclat de rire. — En se levant.) Est-ce ça?

Elle passe près de Pierre.

PIERRE.

Tu es superbe, Victoire!

FRANÇOISE.

Y a pas! on dirait une cocotte pour de bon. On jurerait que c'est madame!

VICTOIRE.

J'avais des dispositions!... Ah! mes enfants!... si j'avais travaillé... quel avenir!...

On entend carillonner au dehors.

* Victoire, Françoise, Pierre.
** Françoise, Victoire, Pierre.

FRANÇOISE ET PIERRE.

Ah ! v'là quelqu'un !

VICTOIRE, très-troublée.

Ah ! mon Dieu !... si c'était madame !

PROSPER, du fond à droite, entrant comme un ouragan.

Ah çà ! il n'y a donc personne ici ?..

FRANÇOISE ET PIERRE.

Pincés !..

Françoise sort à gauche, Pierre à droite.

SCÈNE II

PROSPER, VICTOIRE.

VICTOIRE, très-penaude.

Monsieur Saint-Galmier !...

PROSPER, la regardant *.

Dieux immortels ! en croirai-je mon lorgnon ? Victoire, cette robe-là ne m'est point inconnue ! C'est moi qui l'ai offerte à ta folle maîtresse qui a daigné l'accepter.

VICTOIRE.

Oh ! monsieur, ne me trahissez pas ! je vous en supplie !

PROSPER, éclatant de rire.

Ah ! je devine ! Parfait !.. Bravo !.. (Il applaudit.)

VICTOIRE.

C'était pour m'amuser ! faut bien rire !..

* Victoire, Prosper.

PROSPER s'assied sur le canapé.

Quoi de plus simple, Victoire? ta maîtresse, la divine Fiorina Berluche, troisième mollet de l'Opéra, part pour Hombourg. En son absence, tu fais prendre l'air à ses robes, tu sors ses chevaux, voilà tout.

VICTOIRE.

Voilà tout!

PROSPER.

Dis donc, Victoire, a-t-elle emporté ses diamants?

VICTOIRE, allant près de lui, derrière le canapé.

Oui, monsieur; comprenez-vous ça?

PROSPER.

Qu'est-ce que ça fait?... Il y a encore des bijoutiers à Paris; tu peux encourager le commerce.

VICTOIRE.

Oh! monsieur!

PROSPER.

Pourquoi non?... Le commerce, c'est le lien des peuples.

VICTOIRE, avec coquetterie.

Le fait est que si l'on voulait!.. Hier au bois, j'ai été suivie, monsieur, et par un Portugais encore!

PROSPER, gravement.

De première classe?

VICTOIRE.

Don Blas y Sanchez de Sandoval... mais je ne le recevrai pas.

PROSPER.

Faire cette injure au Portugal!...

VICTOIRE.

Il y a aussi le jeune vicomte Edgard de Blanche-Couronne, que j'ai rencontré à Mabille... il vient d'hériter... mais je ne le recevrai pas non plus.

PROSPER.

Repousser un pauvre millionnaire éprouvé par un malheur récent et qui a besoin d'affection! ah! les femmes n'ont pas d'âme! (Se levant et la regardant.) Tiens! tiens! tiens! tiens!

VICTOIRE.

Quoi donc?...

PROSPER.

Tiens! tiens! tiens! tiens! je n'avais pas remarqué! (Lui entourant la taille.) Ah çà! mais tu es très-gentille, toi!

VICTOIRE.

Mais oui!

PROSPER.

Elle en convient! comment, tu t'avises comme ça de devenir très-gentille et tu ne préviens pas! (Il l'embrasse.)

VICTOIRE.

Oh! monsieur!

PROSPER.

Ça ne me gêne pas... Maintenant que tu as changé de robe, il faudrait changer de nom.

VICTOIRE.

C'est fait, monsieur.

PROSPER.

Comment t'appelles-tu maintenant?

VICTOIRE.

Léa de-Bournonville.... C'est un joli nom?

PROSPER.

Très-joli!... Aussi, aurais-je préféré Armandine de Valcreuse.

VICTOIRE.

Quel malheur! Le portier est prévenu.

PROSPER.

Alors ne chargeons pas sa mémoire. (Il l'embrasse derechef.)

VICTOIRE.

Eh bien! monsieur!...

PROSPER.

Ça ne me gêne pas; si ça me gênait, je te le dirais.

VICTOIRE.

Ah! monsieur, si ma maîtresse était là!

PROSPER.

Si elle était là, je l'embrasserais; elle n'y est pas, je t'embrasse. Moi je ne peux pas rester inactif. Quand on a l'habitude des affaires!...

VICTOIRE.

Oui, monsieur, moi aussi, j'ai voulu tâter un peu de cette existence panachée... en tout bien tout honneur! j'ai de la vertu.

PROSPER.

A qui le dis-tu? Tu en as même à revendre. Tu arriveras, Victoire.

VICTOIRE, avec modestie.

Oh! monsieur!... moi!... une domestique!...

PROSPER.

Ça ne fait rien... Ésope était esclave, il est arrivé tout de même... et il était bossu!... Tu n'es pas bossue...

VICTOIRE.

Oh! non, monsieur!

PROSPER.

Ma petite Victoire, va!...

VICTOIRE.

Voulez-vous bien finir!

PROSPER.

Ah! elle n'est pas bossue, allez! Comme Esope, du moins!... Ah çà! mais jolie comme tu es, tu dois avoir un amoureux.

VICTOIRE.

Le carabinier Philomèle... Oui... mais il m'ennuie.

PROSPER.

Alors, Victoire, il faut diminuer ton effectif! Plus tard, tu verras! si l'on menace tes frontières!...

VICTOIRE.

Il est trop sentimental avec ses romans!... Il parle comme un feuilleton. Non! non! non! non! Il n'en faut plus!... Rentrons la cavalerie!

PROSPER, faisant avec son mouchoir le geste d'essuyer une larme.

Chère enfant!... Celle-là a du cœur!...

VICTOIRE.

Ah! à propos... Est-ce que monsieur a des nouvelles de madame?

PROSPER.

De madame?... Qui ça?... ah! oui... la divine... Je ne viens que pour ça... Des nouvelles? je crois bien que j'en ai... et de mauvaises encore...

VICTOIRE.

Ah! mon Dieu!

PROSPER.

Elle est en plan.

VICTOIRE.

A Hombourg! oh! pauvre femme!

PROSPER.

Oh! rassure-toi... il y a là-bas un tas d'étrangers qui achèt nt les reconnaissances... et d'ailleurs, la mienne me fait un devoir...

VICTOIRE.

Ah! elle est en plan?... C'est donc ça qu'elle m'a écrit de mettre son appartement à louer.

PROSPER.

Probablement!... Tu vas partir pour Hombourg...

VICTOIRE.

Ah bah!

PROSPER.

Tu vas lui porter six mille francs. (Remontant.) Voyons, où pourrais-je écrire un mot?

VICTOIRE, montrant la première porte à droite.

Là, monsieur.

PROSPER.

Bien, je vais lui faire mes adieux.

VICTOIRE.

Vos adieux!...

PROSPER.

Oui, mais je veux lui laisser quelques lignes bien senties... deux lignes du cœur : « Chère âme, ni-ni, c'est fini! bien le bonsoir, je vais me marier. Laissez-moi tranquille... » (L'embrassant.) Tiens, tu lui donneras ce baiser-là avec la lettre!... Après ça, si tu préfères le garder pour toi, ça m'est égal. Adieu, Victoire... Oh! mais, tu es bien plus gentille!

Il entre à droite.

SCÈNE III

VICTOIRE, puis PHILOMÈLE

VICTOIRE, riant en le regardant sortir.

Ah! le drôle de petit bonhomme! (Philomèle entre par la gauche, l'air mélancolique, des livres sous le bras, costume de carabinier. Victoire se retourne et l'aperçoit, à part.) Ah! Philomèle!... quelle tuile!

PHILOMÈLE, s'avançant lentement près de Victoire, lui prend la main et la fait descendre sur le devant de la scène *.

Le 12 juin 63, par une froide soirée d'automne, le passant qui se serait aventuré boulevard des Capucines, aurait pu voir un jeune homme et une jeune fille... La jeune fille était chaste et pure, le jeune homme était carabinier. Tous les deux devisaient d'amour. La lune, de son disque argenté, éclairait la plantureuse beauté de la jeune fille, tandis qu'un bec de gaz estompait la mâle figure du jeune homme. Il était en petite tenue, mais un sourire plissait sa lèvre. Alors, si le passant se fût approché d'eux... sous un prétexte *quelquecconque*, il eût entendu ces mots : « Je vous aime, Philomèle, et je jure d'être votre épouse dans n'importe quand. »

VICTOIRE, qui s'est résignée à l'entendre, se retourne vers lui.

Philomèle, je vous jure que...

PHILOMÈLE, l'arrêtant d'un geste et continuant.

Le guerrier ne répondit pas; mais une larme glissa silencieuse; cette larme, les anges la recueillirent... Alors le passant eût pu

* Philomèle, Victoire.

voir le couple s'éloigner et disparaître dans l'ombre. Les bruits de la rue se taisaient peu à peu... La lune ouvrait dans l'onde son éventail d'argent. Les horloges de la capitale sonnaient *mênuit*. Voilà ce qui se passait le 12 juin 63, par une froide soirée d'automne!

VICTOIRE, à part.

La suite au prochain numéro.

PHILOMÈLE.

Victoire, si le passant repassait, qu'est-ce qu'il dirait? Pourquoi ces vêtements somptueux? (Il relève la queue de sa robe.) Ce *lusque* effréné?... ce chic. . faut-il le dire?... Oui, je vais le dire : Ce chic épatant!

VICTOIRE, à part.

Ah! comme il m'ennuie!

PHILOMÈLE.

Je vous ai rencontrée hier en calèche aux Champs-Élysées. (Mouvement de Victoire.) Un petit chien vert était devant vous, les pattes en l'air; un ruban bleu relevait son poil en boucles capricieuses; nonchalamment étendue, votre main gantée de Suède tenait une ombrelle lilas qui protégeait votre teint contre les ardeurs du soleil tropical. A cette vue, si je ne suis pas tombé, c'est qu'un carabinier qui se trouve mal, ne le faut pas. Ne laissons pas blaguer la cavalerie!

VICTOIRE.

J'ai pris l'air... oui, en effet!

PHILOMÈLE.

Mais ces toilettes... pourquoi?

VICTOIRE, agacée et passant à gauche.

Pourquoi? pourquoi?

PHILOMÈLE.

Je vais vous le dire, moi, Léa de Bernonville!

VICTOIRE, à part.

Ah! le portier a vendu la mèche.

PHILOMÈLE.

Vous étiez pure, mais un homme se présenta ; cet homme avait de l'or, il vous tint un langage enivrant, et vous oubliâtes que la pudeur est le plus beau *sustantif* d'une jeune fille... Soyez franche... que je puisse du moins vous pardonner!

VICTOIRE, à part.

Quelle idée!... Il me donne mon moyen! (Haut, jouant le désespoir et tombant à genoux.) Philomèle, mon ami...

PHILOMÈLE, lui tournant le dos et se voilant la face.

Malheureuse!

VICTOIRE.

Tuez-moi! c'était pour ma mère!

Elle le tire par son sabre.

PHILOMÈLE.

Oh! la famille!... Lâchez mon sabre!... la famille!

VICTOIRE.

Vous n'avez pas de mère, vous, Philomèle?

PHILOMÈLE.

Hélas! non. Elle a filé après ma naissance... je suis un jeune homme naturel...

VICTOIRE.

Alors, pardonnez-moi...

PHILOMÈLE, amèrement.

Relevez-vous, Léa de Bernonville! (Il la relève et la fait passer à droite.) Et maintenant, le nom de cet homme?

Il va à la table et prend une plume.

VICTOIRE.

Jamais!

PHILOMÈLE, dramatiquement.

Le nom du misérable qui n'a pas eu pitié de tes larmes, et qui a cueilli la fleur de l'amour sur l'arbre du désespoir?

VICTOIRE.

Jamais!

PROSPER, au dehors, à droite, appelant.

Victoire!

PHILOMÈLE.

Une voix d'homme!

Il fait un mouvement.

VICTOIRE, l'arrêtant.

Philomèle!

PROSPER, du dehors.

Victoire! des timbres-poste!

PHILOMÈLE, lui prenant la main et la dardant de son regard.

Qui est là?... je veux le savoir!...

VICTOIRE, troublée par le regard de Philomèle.

C'est monsieur Saint-Galmier... un ami de madame...

PHILOMÈLE lui quitte la main, descend en scène, à part.

Elle a tressailli!... c'est le séducteur... Merci, mon Dieu!... Elle ne sait pas encore mentir. (Revenant à Victoire.) Adieu, Victoire!

VICTOIRE, le poussant vers la porte, deuxième plan à gauche.

Bonsoir, mon ami... bonsoir, mon petit Philo...

Philomèle l'embrasse et se dirige vers la porte.

PHILOMÈLE, à part.

Il l'a séduite, il faut qu'il l'épouse... Je vais chercher deux camarades... Ah! le passant qui traversera tout à l'heure les Champs-Élysées verra des choses étranges!

ENSEMBLE.

Air : du *Chevalier du guet*

VICTOIRE.	PHILOMÈLE.
Éloignez-vous, Vilain jaloux! Sur mon secret Soyez muet!	Retirons-nous, Et filons doux! J'ai mon projet; Soyons muet!

Philomèle sort.

SCÈNE IV

VICTOIRE, PROSPER, puis FRANÇOISE, puis COQUILLARD.

VICTOIRE, respirant.

Déniché, enfin!

PROSPER, entr'ouvrant la porte à droite *.

Eh bien! et ces timbres-poste?

FRANÇOISE, annonçant du fond à droite.

Don Blas y Sanchez de Sandoval.

VICTOIRE.

Ah! monsieur, je vous en prie!...

PROSPER.

Oui... oui... bien!

Il disparaît.

* Victoire, Prosper.

VICTOIRE, allant vivement s'asseoir sur le canapé.

Ah! il était temps!

Elle prend une pose.

COQUILLARD, paraissant et à la cantonade.

Cocambo, tiens bien la bride de Serpolet. C'est une bête très-ombrageuse! (Il descend près de Victoire *.) Bonjour, chère belle, comment va depuis hier? Voulez-vous des bonbons, pur Verdun?... Ah çà! voyons! Est-ce que vous n'allez pas aux courses?

VICTOIRE, minaudant.

Mon Dieu! je ne sais pas... j'ai une migraine...

COQUILLARD remonte et se tient derrière le canapé, penché vers Victoire qui est étendue la tête à gauche.

La migraine! allons bon! Comme c'est gai!... Ah! vous savez, ma chère, le break est en bas... je comptais vous escorter... Enfin causons. A propos : nous avons cartonné hier chez la grande Nini... J'ai joué avec un noble étranger, il a amené neuf à tout coup... J'ai perdu sept mille... Et puis, il y a un monsieur qui est arrivé; il paraît que c'était le commissaire de police, moi, je ne sais pas... On a arrêté Nini et le noble étranger. La grande Nini pas contente... J'ai ri, c'était superbe! vrai! jamais je n'ai tant ri!

PIERRE, annonçant, deuxième plan à gauche.

Monsieur le vicomte Edgard de Blanche-Couronne.

COQUILLARD.

Un vicomte!

Il répare le désordre de sa toilette en descendant à gauche.

VICTOIRE.

Ah! nous étions si tranquilles... Enfin, faites entrer.

* Coquillard, Victoire.

PIERRE, à la cantonade.

Monsieur le vicomte peut entrer.

Médard paraît. Il est en gandin fantastique, une canne sous le bras. Il descend vers Victoire, en faisant de grandes enjambées, tout en traînant ses pieds.

SCÈNE V

LES MÊMES, MÉDARD *.

MÉDARD.

Bonjour, chère!... vous êtes malade? c'est insensé!

VICTOIRE se lève et remonte. Médard la suit.

Mourante, mon cher... (Elle s'arrête près de la cheminée **.) Ah! don Blas y Sanchez de Sandoval, je vous présente le vicomte Edgard de Blanche-Couronne.

MÉDARD, à part, s'avançant vers Coquillard.

Un Anglais! (Il salue.) Monsieur...

COQUILLARD, saluant.

Vicomte... (Ils se reconnaissent.) Oh!

MÉDARD, effaré.

Le patron!

COQUILLARD.

Médard!

VICTOIRE, descendant à gauche, près de la table ***.

Vous vous connaissez?...

Elle regarde des gravures de modes.

MÉDARD.

Un peu...

* Coquillard, Médard, Victoire.
** Coquillard, Victoire, Médard.
*** Victoire, Coquillard, Médard.

COQUILLARD.

Oui... oui... (Il poursuit Médard qui passe devant le canapé et revient au milieu de la scène près de Victoire*.) Gredin ! canaille !

MÉDARD, avec aplomb.

C'est un de mes amis !

COQUILLARD, furieux.

Un de... (Bas.) Scélérat !... coquin !... (Haut.) Vous n'allez pas aux courses, vicomte? (Bas.) Tu n'es pas à Verdun, sacripant?...

MÉDARD, bas.

Ma foi, non! tiens! vous tirez bien une bordée, vous! moi, faut que j'en pince!

VICTOIRE s'assied près de la table.

Avez-vous parié?

MÉDARD.

Oui, oui... j'y vas de quelques louis. (Coquillard lui pince le bras.) Aïe!

COQUILLARD, vivement.

Pour Fleur-de-Mai sans doute, vicomte?

MÉDARD.

Oui... oui...

COQUILLARD.

Une bête rav...

MÉDARD, répétant.

Une betterave... (Se reprenant.) Comment, une betterave?

COQUILLARD.

Une bête ravissante!... ce n'est pas elle qui refuse l'obstacle.

* Victoire, Médard, Coquillard.

MÉDARD.

Oh ! non ! quelle jambe ! (Coquillard lui donne un coup de pied.) Oh !

VICTOIRE, se levant au cri de Médard.

Qu'avez-vous ?

COQUILLARD, vivement.

Il n'a rien !

MÉDARD.

Je dis : quelle jambe ! le cheval...

COQUILLARD, bas.

Va-t'en, ou sinon...

Il le pousse du coude. Médard en reculant en arrière se jette dans le guéridon où se trouve le thé et tout tombe à terre *.)

VICTOIRE.

Ah ! le thé auquel je tenais tant ! quel ennui !

COQUILLARD.

Mais le vicomte de Couronne-Blanche va payer.

MÉDARD, regardant les débris et relevant le guéridon.

Sans doute ; combien que c'est ?

VICTOIRE.

Oh ! ça n'est pas le prix... une misère ! quinze louis !

Elle passe à droite.

MÉDARD.

S'il vous plaît ?

COQUILLARD.

Trois cents francs ! il ne sait pas que quinze louis, ça fait trois cents francs. Allons, payez, vicomte.

* Victoire, Coquillard, Médard.

MÉDARD, passant devant Coquillard et allant à la table à gauche *.

Voilà! voilà!

Il tire de sa poche un grand bas de laine et en extrait trois rouleaux. Victoire s'est rassise sur le canapé et tourne la tête. Coquillard ne quitte pas des yeux Médard.

COQUILLARD.

Il ne les a pas... (Le voyant mettre les rouleaux.) C'est de l'argent qu'il m'a volé... mais ce bas est à moi!

MÉDARD.

C'est ma cousine qui me l'a tricoté!

COQUILLARD, s'oubliant.

Je te rattraperai!

VICTOIRE.

Comment! vous vous tutoyez?

COQUILLARD.

Oui... quelquefois...

MÉDARD, remontant vers le guéridon qu'il a fait tomber.

Le dimanche! j'ai payé, je peux emporter les morceaux. (Il les ramasse et les met dans son chapeau.) Au revoir, chère belle... (A part.) Il m'a tutoyé!... ça fait bien... (Haut.) Dis donc, don Sanchez, je t'attends au cercle!...

Il sort, deuxième plan à gauche.

COQUILLARD, furieux, le poursuivant.

Rends-moi mon bas!

* Médard, Coquillard, Victoire.

SCÈNE VI

COQUILLARD, VICTOIRE.

VICTOIRE, qui s'est levée.

Il est charmant, n'est-ce pas?

COQUILLARD, la faisant rasseoir sur le canapé et se mettant près d'elle *.

Oui... oui... et distingué... Mais auprès de vous, Léa, j'aime mieux la solitude. Au moins je puis vous dire que je vous adore.

VICTOIRE.

Vraiment?

COQUILLARD.

Voyons, Léa, vous avez lu dans mon cœur... dites-moi que vous avez lu dans mon regard!...

VICTOIRE.

En vérité, don Blas... (Regardant à droite du côté où est Prosper.) Et M. Saint-Galmier qui est là... C'est très-gênant!

COQUILLARD.

Vous ne me répondez pas! Tiens! vous avez oublié votre bracelet!

VICTOIRE, avec embarras.

Oui, je vais le chercher.

Elle va pour se lever.

COQUILLARD, la retenant.

C'est inutile, tenez!

Il se lève et lui donne un écrin. A ce moment, Prosper paraît au deuxième plan à droite, il voit Coquillard qu'il reconnaît et rentre aussitôt.

* Coquillard, Victoire.

VICTOIRE, se lève, ouvre l'écrin, le place sur le canapé et le contemple.

Oh! le joli bracelet! je le mettrai ce soir... nous irons chez Laborde...

COQUILLARD.

Oui, et nous danserons.

VICTOIRE.

Danser!

COQUILLARD.

Nous autres Portugais, une fois lancés, va te promener... nous ne connaissons plus rien... Nous boirons du punch, du champagne.

VICTOIRE.

C'est ça! (A part.) Il me lance!

COQUILLARD.

Nous autres Portugais, nous venons à Paris, c'est pour nous amuser. Si c'est pour s'ennuyer, autant rester à Verdun... (Se reprenant) à Lisbonne... (Agitant les bras.) Ohé! les viveurs! ohé!

VICTOIRE, gaiement.

En avant toutes les danses!

Elle va sur la ritournelle prendre un tambour de basque, à la glace de droite.

ENSEMBLE.

AIR : de *M. Robillard*

A nous les danses nouvelles!
Dansons comme des pantins
Les joyeuses tarentelles
Des Clodoch' Napolitains!

Victoire danse un pas en agitant son tambour de basque. Coquillard l'accompagne en frappant dans ses mains ; puis tourne avec Victoire. Prosper paraît du deuxième plan à gauche, en dansant, il va prendre le second tambour de basque qu'il agite. Coquillard s'est agenouillé, Victoire tourne autour de lui; Prosper arrive derrière Coquillard, lui frappe avec le tambour sur la tête, Coquillard se retourne et sourit en envoyant des baisers à Victoire qui est près de lui. Prosper donne un second coup. Au troisième coup, Coquillard relève la tête et reconnaît Prosper; il se lève vivement. Prosper s'enfuit à gauche.

SCÈNE VII

COQUILLARD, VICTOIRE *.

COQUILLARD, furieux.

Mais je trouverai donc partout cet animal-là?

VICTOIRE.

Ne faites pas attention... C'est... M. Saint-Galmier!

COQUILLARD.

Ah! il s'appelle Saint-Galmier?...

VICTOIRE.

Oui... mon professeur de danse... Don Blas, votre bracelet est charmant... et je cours m'en parer... Vous êtes un amour... à tout à l'heure!

Elle se dirige vers la première porte à droite.

COQUILLARD, la reconduisant.

Répétez-moi ça!

VICTOIRE.

Un amour!

Elle lui envoie un baiser du bout des doigts et sort.

* Coquillard, Victoire.

SCÈNE VIII

COQUILLARD, puis PROSPER.

COQUILLARD, seul, presque en colère.

Venir nous déranger... quand ça allait si bien! Tonnerre des Indes!... sac à papier!... nom d'un petit bonhomme!

Il s'assied près de la table à gauche.

PROSPER descend sans bruit près de Coquillard et se penche vers lui *.

Vous m'en voulez, vous?

COQUILLARD se lève.

Ah! c'est trop fort!

Il se rassied de l'autre côté de la table.

PROSPER, passant devant la table et venant à Coquillard.

De l'humeur!... je comprends tout!... Vous avez besoin d'argent?

Il va pour s'asseoir sur ses genoux.

COQUILLARD, le repoussant.

Fichez-moi la paix! (Se levant, à part.) C'est quelque rapin, bien sûr!

Il va au canapé et finit par s'asseoir.

PROSPER, le suivant.

Oh! le vilain!... Comment! vous avez besoin d'argent, et il ne le dit pas... (Il se met à genoux devant lui.) à son petit ami... Ah! ah! c'est mal!

COQUILLARD, plus fort.

Fichez-moi la paix, je vous dis!

Il se lève et remonte.

* Coquillard, Prosper.

PROSPER, rattrapant Coquillard *.

Pas de mots inutiles!... Qu'est-ce qu'il vous faut?... Voulez-vous dix-huit cent mille francs?...

COQUILLARD, ahuri.

Qu'est-ce qu'il chante?

Il va s'accouder sur la cheminée.

PROSPER, le suivant.

Vous partez pour Bade demain matin, 3 juillet...

COQUILLARD.

Pour Bade?...

PROSPER.

Vous arrivez... vous jouez le maximum... vous gagnez...

COQUILLARD, résigné, s'assied à gauche de la cheminée.

Parfaitement!

PROSPER, avec volubilité.

Six mille francs... vous rejouez maximum... vous gagnez... douze mille francs... Vous passez cinq fois. Trente mille francs. Alors, vous sortez... faut pas user sa veine... (Coquillard va pour s'enfuir à gauche, Prosper le retient et le fait descendre sur le devant de la scène tout en lui parlant **.) Le soir, vous rentrez au salon... vous jouez le maximum... vous passez cinq fois, trente mille... vous avez soixante mille francs... vous sortez...

COQUILLARD, les dents serrées.

Pour ne pas user ma veine.

PROSPER.

Au bout d'un mois, vous avez dix-sept cent quatre-vingt-dix-huit mille francs. Je mets deux mille francs pour les frais d'hôtel...

* Prosper, Coquillard.

** Coquillard, Prosper.

COQUILLARD, grinçant des dents.

Ah! ah!

PROSPER.

Comment! voilà un homme qui a gagné près de deux millions, et qui ne veut pas dépenser deux mille francs!...

COQUILLARD, le prenant au collet.

Monsieur, vous n'êtes qu'un bohême!... un bohême sans ouvrage!

PROSPER, larmoyant.

J'en conviens... Voulez-vous me prêter cinquante francs ?

COQUILLARD, éperdu, le repoussant.

Une arme!... une arme!...

PROSPER.

Don Blas, je t'abandonne! Tu n'es qu'un faux ami! je te défends de me saluer sur le boulevard.

Il sort par le fond, à droite.

COQUILLARD, le suivant.

Oui... un bohême!... (Redescendant.) Ah! le misérable!... Je ne trouverai donc pas un moyen de me venger!...

SCÈNE IX

PHILOMÈLE, COQUILLARD *.

PHILOMÈLE, à part.

Les camarades sont en bas... il l'épousera, où il dira pourquoi.

COQUILLARD, à part.

Tiens! un dragon, à présent... A qui en a-t-il, ce dragon-là?

* Philomèle, Coquillard.

PHILOMÈLE, regardant Coquillard, à part.

Ce doit être lui... par quel moyen ingénieux?...

COQUILLARD, à part.

Il me dévisage!... Qu'est-ce que c'est que ce grand dragon-là?... Qu'est-ce qu'il me veut?...

PHILOMÈLE, à part, frappé d'une idée.

Ah! (Haut.) Il y a en bas une bien jolie dame dans une voiture...

COQUILLARD.

Une jolie dame?...

PHILOMÈLE, accentuant.

Qui attend M. Saint-Galmier.

COQUILLARD, à part.

Saint-Galmier, mon brigand! Ah! si je lui soufflais... (Haut.) Ah! on me demande?... (A part.) Vlan! Ça y est!

PHILOMÈLE, à part.

C'est lui!... l'infâme!

COQUILLARD, radieux.

Allons, mon ami, allons!...

PHILOMÈLE, lui montrant la deuxième porte à gauche.

Si monsieur préfère passer par ici, c'est plus court.

COQUILLARD.

Très-bien! (A part.) Je tiens ma vengeance!

Il sort.

PHILOMÈLE, faisant le geste de le rosser.

Ou il dira pourquoi!

Il sort derrière Coquillard.

SCÈNE X

CORNÉLIE, FRANÇOISE, puis MÉDARD.

A peine Coquillard et Philomèle ont-ils disparu par la gauche, que la porte du fond à droite s'ouvre et que Françoise paraît, suivie immédiatement de Cornélie dans une toilette flamboyante. Toque, fourragère, catogan de postillon, plumes, etc.

FRANÇOISE *.

Si madame veut entrer... on a le droit de visiter l'appartement.

*Elle retire le guéridon qui est près du canapé, et le pose en face la cheminée.

CORNÉLIE.

Merci, ma fille!... (A part.) Tapis moelleux foulés par le plaisir, soyeuses tentures, ne regardez pas rougir mon front, n'écoutez pas bondir mon sein! Nous autres filles d'Ève, nous sommes atroces. Ainsi, moi, Cornélie, une femme honnête, une femme du monde, j'ai voulu voir l'intérieur d'une courtisane... (Au public.) Vous avez vu les *Curieuses* au Gymnase?... oui?... Eh bien! je suis mademoiselle Delaporte. (Elle s'assied sur le canapé.) J'éprouve une âpre joie à fouler ce canapé interlope! (Elle fait des petits bonds.) Oh! oh! assez! cette fille me regarde!

Françoise après l'entrée de Médard descend à gauche.

MÉDARD, entrant de la gauche, sa canne sous le bras **.

J'ai vu filer le bourgeois avec un militaire... Faut que je revoie ma cocotte!

CORNÉLIE, à part.

Un homme!

* Françoise, Cornélie.
** Françoise, Médard, Cornélie.

MÉDARD, à part.

Une grosse mère... c'est le repoussoir à la petite... (Cornélie roucoule.) Ou bien quelque professeur de piano. Tiens ! je vais lui offrir des dragées... (Il avance.) Eh ! dis donc, Aspasie...

CORNÉLIE se lève.

Insolent ! (Le reconnaissant.) Médard !

MÉDARD.

La patronne !

Il recule en levant les bras, sa canne fait tomber un vase potiche.

FRANÇOISE.

Ah ! la potiche !

CORNÉLIE.

Payez, Médard... payez, et sortez !...

MÉDARD.

Combien que c'est ?

FRANÇOISE.

Quinze louis !

MÉDARD, bondissant.

Quinze louis ! C'est donc la boutique à quinze !... On paie joliment la casse ici !

Il tire de sa poche des pièces d'or qu'il laisse sur la table.

CORNÉLIE.

Sortez !

MÉDARD, tirant son mouchoir.

J'ai payé... je peux emporter les morceaux !... Et on dit que Paris est une ville de plaisirs !... oh ! la la ! passez-moi ma guitare ! (Il ramasse les morceaux et les met dans son mouchoir, puis en se reculant pour en prendre d'autres, sa canne donne dans une vitre de la fenêtre qui se brise.) Ah ! je ne paie pas, cette fois-ci !

Il se sauve par la droite.

FRANÇOISE, riant.

Je vais prévenir madame!

Elle sort à gauche.

CORNÉLIE.

Médard ici! Ah! malgré moi des pressentiments se faufilent dans mon cœur!...

LA VOIX DE COQUILLARD.

Ah! brigand! scélérat!

CORNÉLIE.

La voix de mon mari! Où me cacher?... Ah!

Elle va se blottir derrière les rideaux de la fenêtre. Coquillard, les vêtements en désordre, chapeau défoncé, habit à une seule basque, se précipite en scène.

SCÈNE XI

CORNÉLIE cachée, COQUILLARD.

COQUILLARD.

Ouf!... je lui ai échappé!... Il n'y avait pas de dame du tout!... il n'y avait que trois dragons!... ils ont voulu me faire épouser Victoire. Ah! le gredin! si je le retrouve! Ce rideau a bougé! Il est là pour jouir de son triomphe! Sors donc, brigand!

CORNÉLIE, se montrant *.

Époux parjure!

COQUILLARD, stupéfait.

Ma femme!

* Cornélie, Coquillard.

CORNÉLIE.

Que faites-vous ici, dans cette maison ?

COQUILLARD.

Je guette mon gendre...

CORNÉLIE.

Ici, chez une cocotte?

COQUILLARD.

D'ailleurs, tu te trompes, la cocotte, c'est au-dessus.

CORNÉLIE.

Au-dessus?...

COQUILLARD.

Nous sommes ici chez une vieille dame... une vieille respectable... C'est elle qui doit me donner des renseignements positifs... c'est elle qui...

VICTOIRE, au dehors.

Dites à cette dame que je viens à l'instant!

CORNÉLIE.

Qu'est-ce que c'est que ça ?

COQUILLARD, vivement.

C'est la vieille dame! elle a la voix jeune, mais c'est la vieille dame! (A part.) Oh! elle n'arrivera pas jusqu'ici!

Il sort par la porte à gauche.

SCÈNE XII

CORNÉLIE, puis PHILOMÈLE.

CORNÉLIE.

Il s'enferme avec la cocotte!

PHILOMÈLE, entrant par le fond à droite *.

Il m'a glissé dans les mains! mais faut que je le rattrape! Il l'épousera!

Il va regarder à la porte à droite.

CORNÉLIE, à part.

Un militaire! 2e carabiniers!

PHILOMÈLE, traversant la scène et se disposant à regarder à gauche.

Il faut qu'il l'épouse!... et je suis têtu, moi!... On ne connaît pas Philomèle Frumence!

CORNÉLIE, l'arrêtant.

Frumence! Des chasseurs d'Afrique?...

PHILOMÈLE.

Vous connaissiez papa?... c'était un lapin!

CORNÉLIE, le faisant descendre en scène.

Tu as vingt-quatre ans?

PHILOMÈLE.

Oui!

CORNÉLIE.

Né à Blidah? 31 mai 41?

PHILOMÈLE.

Sous un oranger.

CORNÉLIE.

Ah! (Elle lui saute au cou et l'embrasse.) Tiens! Philomèle! tiens!

PHILOMÈLE.

Ah!... une folle!

CORNÉLIE, l'embrassant encore.

Tiens!

* Cornélie, Philomène.

SCÈNE XIII

LES MÊMES, COQUILLARD, puis PROSPER, puis VICTOIRE, FRANÇOISE et PIERRE.

COQUILLARD, à part.

Je l'ai un peu calmée ! (Voyant sa femme embrasser Philomèle*. Hein ! elle embrasse mes assassins !

PHILOMÈLE, voulant s'élancer.

Ah ! le voilà !

COQUILLARD, allant à Cornélie.

Madame, que faites-vous ?

CORNÉLIE, repoussant Coquillard et retenant Philomèle.

Vous avez perdu le droit de m'interroger ! Viens, Philomèle !

COQUILLARD.

Madame !...

CORNÉLIE.

Je ne vous connais plus ! (Entrainant Philomèle.) Mais viens donc !

Ils sortent. Coquillard va pour les suivre. Prosper accourt, va à Coquillard et l'amène en scène.

PROSPER.

Don Blas, un mot ?

COQUILLARD, cherchant à se dégager.

Voulez-vous me lâcher !

PROSPER.

Sandoval, vous m'en voulez ?

* Coquillard, Cornélie, Philomèle.

COQUILLARD.

Ah ! tu ne veux pas me lâcher !... (Il cherche ses gants.) Tiens !

Il lui jette son gant.

VICTOIRE, entrant.

Ah ! mon Dieu !

Françoise et Pierre entrent.

COQUILLARD.

C'est un duel à mort !

PROSPER.

Voici ma carte !

COQUILLARD.

Voici la mienne !

PROSPER.

Vos armes?

COQUILLARD.

Midi !

PROSPER.

L'heure ?

COQUILLARD.

Le pistolet... chargé !... (Insistant.) Chargé !

PROSPER.

Quand ?

COQUILLARD.

Demain !

PROSPER, à part.

Demain, ça m'est égal, j'aurai quitté Paris.

COQUILLARD, à part.

Ce soir, je file pour Verdun!

Les deux hommes échangent un regard menaçant. Victoire est près de la cheminée. Pierre et Françoise, ne sachant ce qui se passe, regardent avec étonnement les trois personnages.

ENSEMBLE.

Air : de *M. Robillard*.

PROSPER ET COQUILLARD.

Quelle horrible trame!
Ici je proclame
Pour cet homme infâme
Que rien n'est sacré!
C'est trop d'insolence!
Je perds patience,
Et de cette offense
Je me vengerai!

VICTOIRE, FRANÇOISE, PIERRE.

Quelle horrible trame!
L' courroux les enflamme!
Pour eux, chez Madame,
Rien n'est donc sacré!
C'est de la démence!
Mais de cette offense,
S'ils tirent vengeance,
Vraiment, j'en mourrai!

ACTE TROISIÈME

A Verdun, chez les Coquillard. — Un arrière-magasin de confiserie. — Porte au fond. — A droite et à gauche, grandes armoires vitrées avec sacs de bonbons, etc. — Une table au milieu du théâtre, chaises. — A gauche, premier plan, une porte sur laquelle est écrit : *Laboratoire.* — Une autre porte, deuxième plan. — A droite, premier plan, une cheminée. Au-dessus une porte.

SCÈNE PREMIÈRE

CÉLESTINE, seule, rangeant sur la table des boîtes de dragées.

Mais quel ennui de ne rien savoir!... Depuis deux jours que papa et maman sont revenus de Paris, ils sont d'une humeur!... Je n'ai pas osé risquer une seule question au sujet de mon prétendu... pourvu que ce voyage n'ait rien changé à leurs projets!... (Tirant un portrait-carte de son corsage.) Il est si gentil, M. Prosper!... je ne le connais que d'après sa photographie... mais c'est assez pour juger... (Regardant la photographie avec amour.) Eh bien! oui, monsieur, on vous trouve charmant! On vous attend avec impatience!...

SCÈNE II

CÉLESTINE, MÉDARD, il a un tablier et tient une écumoire.

MÉDARD, qui est sorti du laboratoire pendant les derniers mots de Célestine, à part *.

Tiens!... mamz'elle qui jase avec une photographie!...

Il fait tomber son écumoire.

CÉLESTINE, effrayée.

Ah! (Cachant le portrait.) Vous m'avez fait peur!

MÉDARD.

Pardon!... C'est rapport aux mirabelles... je venais demander au patron...

CÉLESTINE, avec impatience.

C'est bien! attendez!... papa est à la boutique... il serre les confitures...

MÉDARD, prenant un air fin.

Dites donc, mademoiselle Célestine, c'est le portrait de vot' prétendu que vous regardiez là?

CÉLESTINE.

Chut!... Taisez-vous!

MÉDARD.

Ah! bah! un secret? Oh! les jeunes filles! les jeunes filles! quel abîme!

CÉLESTINE, mystérieusement.

On ne sait pas que je possède cette photographie. Je l'ai prise en cachette chez mon parrain, M. Coindet, quand je suis allée passer quelques jours à Nancy, il y a trois mois.

* Médard, Célestine.

MÉDARD.

Compris ! Vous vous êtes payé la copie en attendant l'original.

CÉLESTINE, avec pudeur.

Médard !

MÉDARD.

Dame ! puisqu'il doit être vot' mari... Et, sans être trop curieux, quand donc qu'il arrivera à Verdun?

CÉLESTINE.

Mon Dieu ! je ne sais pas... on ne me dit rien... Mais d'après la dernière lettre de son oncle, il ne saurait tarder. (Soupirant.) Pourvu que je lui plaise !

MÉDARD.

Tiens ! pourquoi pas?... Vous me plairiez bien à moi ; je ne vous trouve pas mal !... Après ça, c'est peut-être que je suis habitué à votre figure.

CÉLESTINE.

Vous, ça n'est pas la même chose; mais un jeune homme qui a voyagé, qui a vu Paris... Je vais peut-être lui sembler bien gauche, bien provinciale.

MÉDARD.

Ah ! le fait est qu'entre vous et une Parisienne, il y a une fameuse différence... La province est en retard, quoi !

CÉLESTINE.

Oh ! mais j'y songe, vous aussi, Médard, vous avez été à Paris...

MÉDARD.

Même que mon saint-frusquin y a passé.

CÉLESTINE.

Vous vous êtes bien amusé, n'est-ce pas?

MÉDARD.

Moi?... où y a de la casse, y a pas de plaisir !

CÉLESTINE.

Eh bien ! vous avez dû remarquer les modes, les toilettes...

MÉDARD.

Pardi !

CÉLESTINE.

Alors, vous pourriez me donner quelques conseils.

MÉDARD, la regardant.

Je veux bien... D'abord, vous êtes mal coiffée... vos bandeaux sont trop lisses.

Il la fait asseoir près de la table.

CÉLESTINE.

Trop lisses ?

MÉDARD.

Oui, ça se porte ébouriffé... voyons, ébouriffez-moi ça... (L'aidant à déranger ses cheveux.) Encore !... encore donc !... Deux petites mèches sur le nez...

CÉLESTINE, se récriant.

Mais j'aurai l'air d'un chien fou !

MÉDARD.

Justement ! c'est le genre !... A la mal peignée !... (La regardant.) Là ! v'là qu'est déjà mieux !

CÉLESTINE.

Vrai ?

Elle se lève et passe à gauche.

MÉDARD.

Mais ça n'est pas le tout... vot' toilette manque de cachet, comme on dit à Paris.

CÉLESTINE.

Ah ! mon Dieu ! comment faire ?

MÉDARD.

Calmez-vous! Nous allons remédier à ça... J'ai apporté quèques bibelots...

CÉLESTINE.

Des bibelots! Qu'est-ce que c'est que ça?

MÉDARD.

Vous allez voir... je les destinais à séduire les jeunesses de Verdun... Oh! pour les épouser! (Tirant les objets de sa poche.) Tenez, une ceinture et une boucle à la dernière mode... Et puis, des pendants d'oreilles au goût du jour.

CÉLESTINE, joyeuse, allant à la glace de la cheminée *.

Vous me les prêtez? Ah! que vous êtes gentil, mon petit Médard! Je vais les mettre tout de suite.

MÉDARD.

Par exemple, je vous en préviens, c'est du Bourguignon.

CÉLESTINE.

Du Bourguignon?

MÉDARD.

Eh ben! oui, du toc! vu que mes moyens ne me permettaient pas...

CÉLESTINE, mettant la ceinture et les boucles d'oreilles.

Oh! ça ne fait rien... du moment que c'est la mode... (Se posant devant Médard.) Eh bien! comment me trouvez-vous?

MÉDARD.

A la bonne heure! Comme ça on peut aller dans le monde! vous avez du chic!...

* Médard, Célestine.

SCÈNE III

LES MÊMES, COQUILLARD, en veste du matin, calotte grecque *.

COQUILLARD.

Hein?... qu'est-ce que j'entends ? du chic!

MÉDARD, interdit.

Le patron!

COQUILLARD.

Que fais-tu ici ? pourquoi n'es-tu pas à tes fourneaux?

MÉDARD.

Patron, c'est les mirabelles...

COQUILLARD.

Les mirabelles!... les mirabelles!...

CÉLESTINE.

Ne le gronde pas, petit père, c'est moi qui lui demandais une leçon.

COQUILLARD.

Une leçon?

MÉDARD.

Eh bien! oui, quoi!... une leçon de chic.

COQUILLARD, furieux.

De chic! (Regardant sa fille.) Sapristi!... Comment êtes-vous coiffée? où avez-vous pris cette quincaillerie?

Il la fait passer devant lui **.

CÉLESTINE.

C'est Médard...

* Médard, Coquillard, Célestine.
** Médard, Célestine, Coquillard.

COQUILLARD.

Médard?... Ah! gredin! Tu apportes chez moi de pareils objets!... Tu fais ici de la propagande!...

MÉDARD.

De la propagande! moi! Comment ça? Je lui donne du relief.

COQUILLARD.

Ma fille n'a pas besoin de relief! Je vais t'en donner du relief! (Médard veut répondre, allant à lui *.) C'est bon!... en voilà assez!... Je vous demande un peu si c'est là une tenue pour la fille d'un confiseur!... Mais, malheureuse enfant, tu veux donc faire crouler ton mariage, un mariage arrangé par mon ami Coindet!...

CÉLESTINE.

Moi! mais au contraire, c'était pour...

COQUILLARD.

Veux-tu bien aller retirer tout ça... et te recoiffer autrement... Prosper Coindet, mon futur gendre, arrive aujourd'hui même.

CÉLESTINE, émue.

Aujourd'hui!

MÉDARD.

Ah! bah! il arrive, le nouveau!

COQUILLARD, tirant sa montre.

A trois heures quarante... Il sera dans nos bras dans une heure un quart, une heure vingt... et s'il te voyait ainsi, il n'en faudrait pas davantage...

CÉLESTINE.

Mais papa, puisque c'est la mode.

COQUILLARD.

Silence! mademoiselle... et obéissez!

* Médard, Coquillard, Célestine.

CÉLESTINE, tremblante.

Je m'en vais, papa, je m'en vais.

COQUILLARD, à Médard.

Et toi, serpent, au laboratoire! et que je ne te reprenne plus à parler de...

MÉDARD, reprenant son écumoire qu'il a déposée sur la table en entrant.

C'est bon! On se taira!

CÉLESTINE, à part.

Ah! mon Dieu! moi qui croyais...

COQUILLARD, à Médard.

Eh bien! partiras-tu?

MÉDARD.

Voilà, patron, voilà!... (A part.) C'est pas un homme, c'est un dogue!

Médard rentre au laboratoire, Célestine sort par la droite.

SCÈNE IV

COQUILLARD, puis CORNÉLIE.

COQUILLARD, seul.

Du chic!... voilà le minotaure qui dévore la province, à présent!... Jusqu'à ma fille qui se mêle de... (Voyant paraître madame Coquillard.) Ma femme, sapristi!...

Il fait quelques pas pour sortir.

CORNÉLIE, entrant du fond *.

Restez, Coquillard!

COQUILLARD, à part, s'asseyant à la table.

Pas moyen d'esquiver la bourrasque!

* Cornélie, Coquillard.

CORNÉLIE, *debout.*

Depuis notre retour à Verdun, vous semblez prendre à tâche d'éviter le tête-à-tête... Le moment est venu d'avoir une explication. Élucidons, il n'est que temps!

COQUILLARD, *à part.*

Tenons-nous ferme!

CORNÉLIE.

Descendez en vous-même, comme fait le plongeur au sein des flots... Sondez votre conscience, et dites-vous : Euryale, Euryale, qu'as-tu fait de tes serments? Où sont-ils? où sont-ils?... Un homme marié, un père de famille, faire le gandin, le cocodès!

COQUILLARD, *se levant.*

Osez-vous bien m'adresser des reproches, quand je vous ai surprise étreignant un carabiner... Car enfin, je vous ai vue!...

CORNÉLIE.

Il ne s'agit pas de ce militaire; c'est un détail!

COQUILLARD.

Un détail! un carabinier de un mètre quatre-vingt-dix, un détail!... (*Riant fiévreusement.*) Notez que je l'ai épousée par amour!

CORNÉLIE *passe à droite.*

Eh! monsieur, ne comprenez-vous pas que j'étais jalouse, que j'étais folle!... Je voulais me venger... Un carabinier m'est tombé sous la main... j'ai choisi cette vengeance comme j'en aurais pris une autre!... Est-ce qu'une femme outragée regarde à l'uniforme?

COQUILLARD.

Permettez...

CORNELIE.

Mais vous, perfide, vous, que faisiez-vous chez cette Circé?

COQUILLARD.

Mon Dieu! Mais je te l'ai dit, je guettais mon gendre.

CORNÉLIE, d'un air de doute.

Hum!

COQUILLARD.

Ah! je te le jure!

CORNÉLIE, avec amour.

Je te crois... j'ai besoin de te croire! (A part.) Ça a pris!

COQUILLARD, à part.

Ça a mordu! (Haut.) Revenons à mon gendre. Je l'accusais à tort... Ce jeune homme est sorti pur de l'épreuve... Son innocence a triomphé sur toute la ligne... notre gendre est un ange... et nous pouvons sans crainte lui confier le bonheur de Célestine!

CORNÉLIE.

Chère petite!

COQUILLARD.

Occupons-nous de la chose importante. (Tirant sa montre.) Notre gendre nous tombera sur les bras dans trois quarts d'heure.

CORNÉLIE.

Vraiment?

COQUILLARD.

Voici son télégramme : (Il le prend sur la table et le lit.) « Coquillard. Verdun. Pars huit heures dix-sept. Serai Verdun trois heures quarante pour contrat. Rendrai fille heureuse. Prévenez notaire. Prosper Coindet. » En tout vingt mots... c'est un garçon qui a de l'ordre! As-tu préparé une chambre?

CORNÉLIE.

Sans doute, la chambre bleue.

COQUILLARD.

Couleur d'amoureux, c'est parfait! Moi, je me suis occupé du contrat.. car il ne faut pas perdre de temps! aussitôt arrivé, aussitôt...

CORNÉLIE.

Pendu!... (Se reprenant.) Marié.

COQUILLARD.

Voilà! Mon gendre en est digne sous tous les rapports... (A part.) Du moins, j'aime à le croire... Je ne m'en suis jamais occupé.

MÉDARD, accourant du fond.

Patron, c'est le notaire.

COQUILLARD.

Maître Ropiquet... C'est bien... je vais le trouver. (A sa femme.) Attends-moi, je reviens!

Il sort par le fond.

MÉDARD, à part.

Le notaire! paraît que ça chauffe!...

Il sort derrière Coquillard.

SCÈNE V

CORNÉLIE, seule.

Ah! mon cœur de mère a failli me perdre! Petite imprudente! Au surplus, je n'ai pas un zeste à me reprocher. Avant de quitter Philomène, je l'ai conduit au restaurant... je lui ai fait servir un dîner confortable : deux côtelettes, dessert, café. Je lui ai donné vingt francs, un dernier baiser sur le front. Je crois avoir rempli envers lui tous les devoirs d'une mère. Maintenant, c'est fini, je ne le reverrai jamais! ne songeons plus qu'au bonheur de ma fille! de ma fille adorée!

SCÈNE VI

CORNÉLIE, VICTOIRE, costume de bonne très-simple et un peu campagnard, l'air modeste; elle a un paquet sous le bras.

VICTOIRE, sur le seuil*.

Pardon, c'est bien ici m'ame Coquillard?

CORNÉLIE.

C'est moi... que voulez-vous?...

VICTOIRE.

Je vous suis envoyée par le bureau de placement, auquel vous vez écrit pour demander une femme de chambre.

CORNÉLIE.

Oui, c'est vrai. Entrez, mon enfant... A cause de ma fille que je marie aujourd'hui même, il me fallait un supplément de domestiques. (Elle s'assied à gauche de la table.) Vous arrivez de Paris?

VICTOIRE.

Par la vapeur... train direct.

CORNÉLIE.

Vous savez coudre, coiffer?

VICTOIRE.

Je sais faire un peu de tout, madame.

CORNÉLIE.

On vous a dit quels sont les gages?

VICTOIRE.

Oui, quarante francs par mois... Ça n'est guère... mais l'air de Paris ne convient point à ma santé.

* Victoire, Cornélie.

CORNÉLIE.

Vous êtes de la campagne?

VICTOIRE.

Oui, madame, je suis de Nanterre.

CORNÉLIE.

Ah ! le pays des rosières...

VICTOIRE, les yeux baissés.

On le dit. Ma pauvre mère l'était.

CORNÉLIE.

Avant votre naissance, probablement ?

VICTOIRE.

Je ne sais pas, madame.

Elle remonte derrière la table, et aperçoit des bonbons dans les boîtes.

CORNÉLIE, à part.

Sa naïveté m'arrache un sourire. (Elle rit. Haut.) Vous sortez d'une maison honnête ?

Victoire profite de ce que Cornélie ne la regarde pas pour prendre un bonbon.

VICTOIRE.

Oh! madame!... des bourgeois ben respectables, allez! (Vivement.) D'ailleurs, j'ai un certificat du bureau. Le v'là !

Elle le tire de sa poche et le lui donne.

CORNÉLIE se lève.

Voyons! (Parcourant le papier.) En effet, on me répond de votre moralité, de vos principes. Votre vertu m'est garantie deux ans.

Elle lui rend le certificat.

VICTOIRE.

Oui, madame, deux ans... (Remettant le certificat dans son paquet.) Ah! ça n'est pas moi qui voudrais servir chez les cocottes...

CORNÉLIE, un peu surprise.

Les cocottes!

VICTOIRE, à part.

Aïe! j'ai dit une bêtise! (Haut, et descendant à droite près de Cornélie.) Dame! paraît qu' c'est comme ça qu' ça s'appelle à Paris, les petites dames à mineurs!...

CORNÉLIE.

C'est juste! (Elle s'approche de Victoire.) Ah çà! (Elle lui prend le menton et la regarde fixement.) Verdun est une ville de garnison. Si vous tenez à rester chez moi, pas de fréquentations, pas de liaisons dans l'armée, vous entendez?

VICTOIRE.

Ah! madame, pour qui me prenez-vous? Dieu merci, je ne donne pas dans le militaire... Oh! ça me fait joliment peur à moi, les moustaches!

CORNÉLIE, souriant.

Enfant! (A part.) J'étais ainsi, moi, quand j'ai tiré à la conscription!... (Haut.) Et comment vous appelez-vous?

VICTOIRE, prononçant niaisement.

Victoire.

CORNÉLIE, la reprenant.

Victoire!

VICTOIRE, prononçant toujours niaisement.

Non, madame, Victoire.

CORNÉLIE.

C'est Victoire qu'elle veut dire! Méfiez-vous! Victoire! C'est la devise du Français!

VICTOIRE, d'un air niais.

Ça s' peut bien, madame... moi je n' sais pas.

CORNÉLIE, à part, riant.

Comme godicherie, elle est à tuer... Mais je ne crains pas ça! (Haut.) Vous allez porter vos effets dans votre chambre... Dès à présent, vous êtes à mon service. Attendez, ma fille!

Elle tire de sa poche une poignée de sous qu'elle compte et les met en pile sur la table.

VICTOIRE, à part.

Casée! et à Verdun! quelle chance!!... Pensons au solide... Madame, mon ancienne maîtresse, qui s'avise d'arriver de Hombourg comme une bombe, et qui me flanque à la porte...

CORNÉLIE, l'appelant.

Tenez, voilà votre denier à Dieu... quarante sous!

VICTOIRE, à part.

Quarante sous! Oh! la! la! (Haut.) Merci, madame... (A part.) Panée!... (Elle met les sous dans sa poche, elle regarde autour d'elle. Haut.) Par où qu'il faut aller?

CORNÉLIE, lui désignant la porte à droite.

La cuisinière vous indiquera...

VICTOIRE.

Bien, madame, ça suffit!

Elle sort à droite en emportant son paquet.

SCÈNE VII

CORNÉLIE, MÉDARD, puis PHILOMÈLE.

CORNÉLIE, seule.

Cet air... naïf... oui... cet air de modestie... enfin c'est une perle... une vraie perle que l'on m'a donnée là...

Elle va pour rejoindre Victoire, Médard arrive en courant par le fond.

MÉDARD.

Not' bourgeoise, on vous demande pour l'article sept du contrat.

CORNÉLIE.

C'est bien... j'y vais... (En sortant.) Une perle! Une vraie perle!...

MÉDARD, seul, un instant.

En v'là des histoires pour un prétendu. Cent mille francs de dot... Et le patron qui se plaint toujours que les affaires ne vont pas! Vieux farceur, va! (Il se met à croquer des bonbons et va pour sortir. Philomène entre par la gauche et semble chercher.) Tiens! un militaire...

PHILOMÈLE *.

M. Coquillard, s'il vous plaît?

MÉDARD.

M. Coquillard, c'est ici. Quèque vous lui voulez?

PHILOMÈLE.

Veuillez l'avertir que je suis porteur d'un billet de logement.

MÉDARD.

Un billet de logement ?

PHILOMÈLE.

Le 2e carabiniers vient d'arriver à Verdun pour garnisonner; mais, vu qu'on fait des réparations à la caserne, on nous a colloqués provisoirement chez l'habitant. Cré coquin! fait-il chaud!

Il pose son casque sur la table.

MÉDARD.

C'est bon, asseyez-vous... Je vas prévenir le patron.

Philomèle s'assied.

* Philomèle, Médard.

SCÈNE VIII

LES MÊMES, CORNÉLIE.

CORNÉLIE, entrant triomphante.

Le contrat est prêt... (Apercevant Philomèle.) Ciel!

PHILOMÈLE, se levant, et à part *.

Ah! bah! elle a suivi le régiment!

CORNÉLIE, très-agitée.

Sortez, Médard... laissez-nous!

MÉDARD.

Tiens! la patronne qui connaît des carabiniers!

Il se dirige vers le fond.

CORNÉLIE, à Médard.

Allez donc! (Médard sort; — allant vivement à Philomèle.) Imprudent! Tu veux donc me perdre?

PHILOMÈLE.

Moi! à cause?

CORNÉLIE.

Que viens-tu faire dans cette maison?

PHILOMÈLE.

J'ai un billet de logement.

CORNÉLIE.

Loger ici? jamais!

PHILOMÈLE.

Mais c'est le maréchal-des-logis qui...

* Philomèle, Cornélie, Médard.

CORNÉLIE.

Tiens! voilà vingt francs... va loger à l'auberge.

PHILOMÈLE.

A l'auberge!

CORNÉLIE, avec volubilité, le poussant vers le fond.

Adieu!... sois soumis à tes chefs, exact à la manœuvre... Évite la cantine... Enfin, remplis tous les devoirs du parfait cavalier. (Lui prenant la tête à deux mains.) Un dernier baiser! (Elle l'embrasse sur le front.) Et maintenant, file!

COQUILLARD, en dehors.

Par ici, maître Ropiquet, par ici!

CORNÉLIE, avec effroi.

Mon mari! (Arrêtant Philomèle qui se dirigeait vers le fond.) Pas par là, malheureux!

PHILOMÈLE.

La retraite est coupée?

CORNÉLIE, le poussant à gauche.

Sors par le laboratoire, va! (Il sort par la première porte, à gauche.) J'en ferai une maladie, c'est sûr! (Voyant le casque.) Ah! le casque!

Elle le saisit vivement et le cache derrière son dos; elle passe près de la cheminée; en ce moment, Coquillard paraît au fond avec Ropiquet, qui tient des papiers.

SCÈNE IX

CORNÉLIE, COQUILLARD, ROPIQUET, puis MÉDARD, puis CÉLESTINE.

COQUILLARD.

C'est parfait, maître Ropiquet. Je dis que voilà un contrat qui vous fera honneur.

LE NOTAIRE, saluant Cornélie.

Madame, je vous présente mes humbles hommages.

Il prépare ses papiers et s'assied à gauche de la table *.

CORNÉLIE, très-troublée et cherchant à dissimuler le casque.

Bonjour, cher monsieur Ropiquet.

COQUILLARD, tirant sa montre.

Trois heures cinquante-deux ! Ah ! il arrive ! nous allons le voir !

MÉDARD, accourant de la gauche, deuxième plan.

Patron ! patron !

COQUILLARD.

Eh bien ! quoi ? Qu'y a-t-il, imbécile ?

MÉDARD.

Patron, c'est un jeune homme qui descend d'omnibus à la porte.

CORNÉLIE.

Un jeune homme !

MÉDARD.

Un voyageur... avec une valise.

CORNÉLIE.

C'est lui !

COQUILLARD, triomphant.

C'est notre gendre... Hé ! vite, maître Ropiquet !

CÉLESTINE, entrant.

M. Prosper ! Il est arrivé ?

COQUILLARD.

Eh ! oui, viens donc !

CORNÉLIE, qui a traversé la scène pour aller à Médard, bas.

Médard, cachez cela !

Elle lui donne le casque.

* Ropiquet, Coquillard, Cornélie.

MÉDARD, ahuri.

Un casque!

CORNÉLIE, revenant près de Coquillard en passant devant le notaire.

Notre gendre! Ah! quelle joie!...

COQUILLARD, qui a dit quelques mots au notaire et fait asseoir Célestine de l'autre côté *.

Toi, Célestine, les yeux baissés!

CÉLESTINE.

Oui, papa.

CORNÉLIE.

L'attitude légèrement émue.

CÉLESTINE.

Oui, maman.

COQUILLARD.

Et nous, les bras ouverts, le sourire aux lèvres!... (Médard est près de la porte à gauche, Coquillard et Cornélie à la cheminée, les bras tendus.) Venez! venez, mon gendre!

SCÈNE X

LES MÊMES, PROSPER COINDET, costume de voyage.

PROSPER, avec effusion.

Ah! cher beau-père! chère madame Coquillard!

Tous trois se regardent et poussent un cri de surprise.

COQUILLARD.

Ah! le fumiste!

PROSPER.

Mes provinciaux!

* Médard, le notaire, Célestine, Coquillard, Cornélie.

COQUILLARD, courant aux pincettes.

Ah! brigand!

CORNÉLIE, saisissant la pelle.

Ah! paltoquet!

LE NOTAIRE, très-surpris.

Eh bien! quoi donc? Je n'y comprends rien!

M. et madame Coquillard s'élancent vers Prosper : celui-ci, qui voit Coquillard s'avancer vers lui, va pour sortir à gauche; Cornélie, qui a traversé la scène, lui barre le passage. Pendant ce temps, Coquillard a fait sortir Célestine ; Prosper se jette dans Médard qui pousse Coquillard, celui-ci tombe sur la table ; Prosper profite de ce moment pour passer derrière Coquillard, et sort par le fond, poursuivi par les époux Coquillard et par le notaire, qui a repris sa serviette et n'a rien compris à ce qui s'est passé.

MÉDARD.

En v'là une réception!...

SCÈNE XI

MÉDARD, VICTOIRE, puis PROSPER, puis COQUILLARD.

VICTOIRE, entrant de la droite.

Ces cris!... est-ce que le feu est à la maison?

MÉDARD, la reconnaissant *.

Oh! ma conquête de Mabille!

VICTOIRE.

Le vicomte!

PROSPER, reparaissant au fond et entrant en scène **.

Ils ont perdu ma piste!

* Médard, Victoire.
** Médard, Victoire, Prosper.

VICTOIRE.

Monsieur Saint-Galmier!

PROSPER, très-surpris.

Victoire!

COQUILLARD, qui poursuivait Prosper, paraît au fond.

Mais où se cache-t-il?

VICTOIRE.

Le Portugais!

COQUILLARD, stupéfait à la vue de Victoire *.

Léa de Bournonville! Elle ici! sous ce déguisement! Elle vient pour me faire chanter!

VICTOIRE, à part.

Il va me faire perdre ma place!

COQUILLARD, très-agité.

Que veux-tu? de l'or? Que te faut-il, le Pactole, le Sacramento? Parle! fais ta carte!...

VICTOIRE.

Mais non, monsieur, je ne demande qu'à conserver mes quarante francs par mois que votre femme m'a promis de me donner.

COQUILLARD.

Tu n'es donc qu'une domestique?... je te chasse! je te flanque à la porte!

VICTOIRE, passant à gauche.

Oh!

Elle s'assied près de Médard et sanglote.

COQUILLARD, se retournant vers Prosper.

Maintenant...

* Médard, Coquillard, Victoire, Prosper.

PROSPER.

Ah! ah! à nous deux, don Blas!

COQUILLARD, les dents serrées.

Monsieur, il y a un train pour Paris à six heures trente. Je vous engage à aller prendre votre *tiket*. Il n'est que temps!... Il n'est que temps!...

PROSPER.

Vous ne voulez pas me nommer votre gendre?

COQUILLARD.

Jamais! tant que je vivrai, vous n'entrerez pas dans ma famille!

PROSPER.

Je n'y entrerai pas?...

COQUILLARD.

Jamais! tant que j'y serai.

PROSPER.

Eh bien! sortez-en!

COQUILLARD, furieux.

Monsieur!...

PROSPER.

Pourquoi refuser de me donner votre fille? (Mouvement de Coquillard.) Votre fille qui m'aime...

COQUILLARD.

Vous?...

PROSPER.

Qui m'adore...

MÉDARD.

C'est vrai, patron, elle en tient!

COQUILLARD, à Prosper.

Et les Armoricaines? et le tambour de basque?

PROSPER.

De simples plaisanteries...

COQUILLARD.

Célestine épousera mon ami Péniquet, le pharmacien.

PROSPER.

Sacrifier ta colombe à un apothicaire!

COQUILLARD.

Parfaitement!

PROSPER.

Ah! c'est comme ça? Ah! vous me flanquez à la porte? Eh bien! avant de m'en aller, je vais tout écrire à votre femme!

COQUILLARD, bondissant.

A ma femme!

PROSPER.

C'est canaille! je le sais, mais tant pis... je lui révélerai vos petites frasques. (Il va à la table s'assied et écrit*.) Madame... (Coquillard lui arrache la feuille où il écrit et la froisse.) Oh! il y en a d'autres... (Il écrit.) Madame... (Même jeu de Coquillard. — Il reprend une troisième feuille.) Madame... (Coquillard saisit la feuille, les plumes et l'encrier qu'il va poser sur la cheminée. Prosper se levant.) Ah! c'est comme ça?... Eh bien! je lui dirai tout moi-même, Victoire me servira de témoin.

VICTOIRE se lève.

Moi?...

PROSPER.

Oui, tu témoigneras.

Victoire de la tête répond affirmativement.

COQUILLARD, s'élançant vers Victoire qui remonte. Prosper descend à droite **.

Sapristi!

* Victoire, Médard, Prosper, Coquillard.
** Médard, Victoire, Coquillard, Prosper.

MÉDARD, arrêtant Coquillard.

Vous êtes pincé, bourgeois! Bah! allez-y donc de votre fille!

COQUILLARD, hors de lui.

Fiche-moi la paix!

PROSPER.

Ah! l'on me reçoit avec des pincettes! Elle saura tout, les bouquets, les écrins...

COQUILLARD, éperdu.

Silence, malheureux!

PROSPER.

Consentez-vous?...

COQUILLARD.

Il me tient, le misérable! il me tient! (L'étreignant.) Tu me fais des excuses... Eh bien! oui, je consens, gredin! Épouse ma fille, scélérat!... car tu n'es qu'un scélérat...

PROSPER, tendant la joue.

Embrassez-moi, mon père.

COQUILLARD, le repoussant en grinçant des dents.

Ah! j'ai envie de le mordre! (Se retournant vers Victoire qui redescend; Médard est remonté et après l'entrée de Cornélie il descend à droite.) Et toi, pourquoi es-tu venue à Verdun? Tu étais donc de connivence avec lui?

VICTOIRE.

Mais non, monsieur... mais non... c'était pour suivre mon amoureux...

SCÈNE XII

LES MÊMES, CORNÉLIE, puis PHILOMÈLE, puis CÉLESTINE.

CORNÉLIE, qui vient d'entrer du fond *.

Un amoureux!

* Victoire, Cornélie, Coquillard, Prosper, Médard.

VICTOIRE.

Qui m'accuse... et à qui je n'ai jamais cessé d'être fidèle.

PHILOMÈLE, entrant du fond et descendant à l'extrême gauche *.

Innocente ! elle est innocente !...

CORNÉLIE, troublée et à part.

Ciel !

COQUILLARD, furieux.

Encore le carabinier !

PHILOMÈLE, souriant.

Je voudrais ravoir mon casque.

COQUILLARD, le menaçant.

Ah ! suborneur, tu ne l'auras qu'avec ma vie !

VICTOIRE, se jetant au cou de Philomèle.

Minute ! c'est mon bon ami !

TOUS.

Son bon ami !

VICTOIRE.

Pour le bon motif, s'entend.

CORNÉLIE, à part.

Elle me sauve ! (Haut.) Eh bien ! soit !... qu'ils se marient, qu'ils soient heureux !

CÉLESTINE, entrant par la droite et s'approchant.

Et moi, maman ?...

PROSPER, vivement et allant à Célestine.

Nous aussi ! c'est convenu !

CORNÉLIE, sévèrement et attirant sa fille à elle.

Jamais, monsieur ! vous m'avez appelée déesse du bœuf gras... oh !

* Philomèle, Victoire, Cornélie, Coquillard, Prosper, Médard.

PROSPER, l'interrompant, avec galanterie.

Belle-maman, je maintiens déesse, mais je retire le reste.

Il va près de Médard.

MÉDARD, à part.

Il enlève le bœuf!

CORNÉLIE, flattée.

Allons! il a de l'esprit!

COQUILLARD, faisant signe à Célestine d'approcher.

Ah çà! toi, tu aimes donc ce drôle-là?

CÉLESTINE, baissant les yeux.

Oui, papa.

COQUILLARD.

Et s'il te rend malheureuse... s'il te bat, tu ne viendras pas nous ennuyer?

CÉLESTINE.

Non, papa.

COQUILLARD, à Médard.

Eh bien! qu'on rapporte le notaire!

Il fait passer Célestine près de Prosper et remonte à sa femme pendant que Médard se dirige vers le fond *.

CHŒUR.

AIR : de *M. Victor Robillard.*

Ici plus de combat!
Car de ce bon notaire
L'auguste ministère
Vient terminer notre débat!

Le rideau baisse.

FIN

* Philomèle, Victoire, Cornélie, Coquillard, Médard, au fond. Célestine, Prosper.

Imprimerie L. TOINON et Cie, à Saint-Germain.

www.ingramcontent.com/pod-product-compliance
Ingram Content Group UK Ltd.
Pitfield, Milton Keynes, MK11 3LW, UK
UKHW021110260726
13994UKWH00002B/822

9 782329 327365